FERNAND SARNETTE

HISTOIRE

D'UN

Forçat Innocent

(CHARLES REDON)

AVEC UN PORTRAIT
ET LA REPRODUCTION PHOTOGRAPHIQUE DES OBJETS
AYANT SERVI A L'ÉVASION

PARIS

Librairie Illustrée, J. TALLANDIER, Éditeur

8, RUE SAINT-JOSEPH, 8 (2e ARRt)

HISTOIRE
D'UN FORÇAT INNOCENT

OUVRAGES DE FERNAND SARNETTE

—

EN PASSANT, nouvelles et poésies, 1898. — Charpentier, Bruxelles.

LES SEPT PAROLES, 1894. — Léon Vanier, Paris.

MADAME L'ÉPAVE, roman, 1895. — Léon Vanier, Paris.

LA BABOUCHE, 1898. — Gouvelos, Bruxelles.

LE VIN DE LA CURE, 1896. — Hinderberger, Genève.

LA PRINCESSE FUGITIVE OU LE PRUNIER D'OR, 1903. — Stock, Paris.

ÉMILE COLIN — IMPRIMERIE DE LAGNY

CHARLES REDON

FERNAND SARNETTE

Histoire
d'un
Forçat Innocent

(CHARLES REDON)

AVEC UN PORTRAIT
ET LA REPRODUCTION PHOTOGRAPHIQUE DES OBJETS
AYANT SERVI A L'ÉVASION

PARIS
Librairie illustrée, J. TALLANDIER, Éditeur.
8, rue Saint-Joseph, 8

OBJETS AYANT SERVI A L'ÉVASION DE CHARLES REDON

JOURNAL D'UN FORÇAT

I

COMMENT JE CONNUS CHARLES REDON

L'été dernier j'avais été désigné par un journal parisien pour aller à Bruxelles assister à un congrès et en rendre compte.

Après la séance et au milieu du brouhaha de la sortie, je vis un homme jeune encore se détacher d'un groupe qui entourait madame Séverine et se diriger vers moi.

Il y avait dans sa démarche et ses mouvements cette hâte fiévreuse des désespérés qui sans réfléchir donnent tête baissée dans tout ce qui paraît devoir sur offrir une lueur d'espérance ; l'avidité du voyageur exténué qui happe au passage sur sa route la première baie venue, fût-elle vénéneuse.

— Monsieur, me dit-il en m'indiquant les personnes qu'il venait de quitter, on vient de me dire que vous êtes journaliste français, je vous prie instamment de m'écouter quelques minutes.

En deux mots il me raconta sa terrible histoire :
condamné au bagne à perpétuité pour un crime qu'il
n'avait pas commis, il s'était évadé de *là-bas* et depuis quinze ans courait sa douloureuse odyssée à
travers le monde qui le repoussait sans cesse.

Tandis qu'il parlait, j'observais ses traits, son
front où la souffrance et l'idée fixe avaient creusé
un profond sillon, son regard droit que seule l'habitude de plier sous la force faisait parfois dévier,
j'écoutais sa voix qui avait gardé une sonorité de
jeunesse, malgré le voile un peu sombre qui l'étouffait et la rendait parfois indistincte comme il
arrive pour ceux que l'angoisse prit fréquemment à
la gorge.

En vain lui fis-je remarquer que journalistes et
gens de lettres, nous étions légion, que pour se
faire entendre dans l'immense clameur du caravansérail de Paris, un écrivain solitaire éprouve les
plus grandes difficultés, et qu'enfin souvent notre
influence à tous était plus limitée que notre bonne
volonté... Il ne se tint pas pour battu et dans le rendez-vous que j'eus avec lui le lendemain il me détailla toutes les affres de son effroyable calvaire.

Ce qui me convainquit, ce ne fut point son élocution — la plupart des fripons, dit quelque part
Beyle, sont emphatiques et éloquents — ce fut le
ton même de sa défense, et encore plus que tout, le
récit des affreux supplices qu'il avait endurés.

Je promis de m'occuper de lui dans la sphère de mes moyens et je repris le chemin de Paris.

Je joignis mes démarches à celles de quelques autres amis qu'il m'avait signalés et, soit par la plume, soit par la parole, avocats et journalistes, nous nous mîmes à l'ouvrage en commun, chacun selon l'étendue de ses rames, pour « voguer de conserve » et faire aboutir au terme convoité le frêle esquif qui portait la grâce de Charles Redon.

Durant ce temps le pauvre forçat restait la victime de ce levain de bêtise et de lâcheté qui stagne, hélas! au fond de toutes les couches sociales : son martyre commencé en France et en Amérique continuait à l'étranger. Tout était permis sur sa personne et sur ses biens, les autorités mêmes étaient impuissantes à refréner ces mesquineries haineuses; impunément on pouvait lui faire subir les plus criantes injustices, à la moindre révolte ou indignation de sa part, on lui ricanait au visage l'immuable réponse :

— Dites donc, depuis quand les forçats ont-ils le droit de se défendre?

Redon fut expulsé de Belgique.

J'ai là sous les yeux les lettres désespérées qu'il m'écrivait de Rosendal, petit bourg frontière entre la Belgique et la Hollande, où il se mourait de froid dans une mansarde secouée par le vent de décembre sous le ciel gris et terne du pays des polders.

Enfin la grâce arriva; le 13 janvier 1903, le maître suprême de l'heure dit « assez! » et la justice évo-

lua dans sa première étape : elle avait pris quinze
ans pour se mettre en voyage :

Pedo claudo,
Sed tamen advenit...

La France sourit au pauvre proscrit et lui ouvrit
ses bras de mère. Ce fut alors que je publiai dans le
journal la *Presse* en mars 1903 et avec l'autorisation
exclusive de Redon, le *Journal d'un forçat* qui fit
courir dans toute la population parisienne un long
frisson d'indignation.

J'ai tenu à donner au lecteur ces détails préliminaires afin de le bien convaincre que les pages qui
vont suivre ne sont point un roman, mais l'histoire,
hélas trop vraie! d'une victime de plus de ces erreurs effroyables qui laissent derrière elles comme
une traînée de sang.

Il convient de dire que souvent autrefois on abusa
dans une trop large mesure de soi-disant fautes ju-
diciaires, pour reporter sur des têtes scélérates je ne
sais quel sentiment d'indignation charlatanesque, et
pour bâtir à la Pitié un temple singulier dont les
révoltes intéressées et la seule préoccupation d'é-
mouvoir l'opinion au profit d'un écrivain ou d'un
publiciste constituèrent la seule pierre angulaire.

Mais pour quelques cas isolés de ce genre, que de
victimes n'a-t-on pas laissé mourir dans la géhenne
ou pour lesquelles on ne s'est ému que lorsque la
douleur et les tortures angoissantes les avaient déjà
penchées sur le bord de la tombe?

Sans parler ni de l'antiquité, ni de l'époque médiévale, ni des Calas, ni des Lesurque, est-il quelqu'un qui ait oublié Lesnier, Philippi, la femme Doize et d'autres plus connus encore, et plus rapprochés de nous ?

Et ce n'est pas le fait seul de l'erreur qui est profondément lamentable. Car il n'est que trop vrai que tout ce qui est humain s'entache aisément de faillibilité et que l'amour n'est pas le seul dieu de l'Olympe qui ait droit au symbole du bandeau sur les yeux ! Mais ce qui s'impose, ce qui crie de soi-même, c'est l'immédiate et indéniable nécessité de lois nouvelles tendant à atténuer sinon à détruire la possibilité de l'erreur.

Notre éminent juriste Ortolan dit en effet, dans un de ses cours sur la criminalité, que non seulement le châtiment doit avoir (ce qu'il n'a presque jamais) un effet moralisant, mais que la mesure de la peine doit répondre à la *faillibilité du juge*.

Il est juste de constater que depuis la loi de 1897, l'avocat défenseur est autorisé à assister à l'instruction, mais combien cette sage mesure est encore éloignée des anciennes législations !

A Rome, au moyen âge (et aujourd'hui encore dans certaines parties de la codification anglaise), le ministère public et l'instruction étaient confiés à un citoyen ou à une collectivité de citoyens. On évitait ainsi le terrible danger de l'irresponsabilité du juge, qu'un excès de zèle à servir la société ou un sentiment moins louable d'amour-propre professionnel

pousse quelquefois à se refuser à l'évidence et fait
qu'il transforme aisément le « mol oreiller du doute »
dont parle Montaigne, en un critérium de certitudes
imaginaires.

Je le répète, ce qui va suivre est et demeurera de
l'histoire. J'ai moins cherché à faire acte littéraire
qu'à dérouler fidèlement les péripéties d'un drame
horrible. Je ne me suis pas attaché à en châtier trop
l'écriture et afin de me rapprocher le plus possible
des notes originales que Redon crayonna au hasard
de son odyssée, j'ai maintenu certains tours de
phrases peu corrects ou tout au moins surannés ou
se ressentant des idiomes de province. Il était dangereux en effet de se laisser trop absorber par un
vain souci de forme au risque d'aboutir à une alté-
ration fâcheuse du récit.

Dans ces travaux où la pensée est subordonnée à
une idée fixe et primordiale de réparation et de justice, rien ne vaut mieux que de se rapprocher le
plus possible de la nature primitive et de laisser
aux termes, fussent-ils vulgaires, toute la pureté de
leur saveur.

On ne trouvera pas ici, d'autre part, de plan savamment ordonné, ni d'intrigue adroite se jouant
au milieu de la narration. Ce n'est en somme qu'un
douloureux voyage, où les personnages que Redon
rencontre sur son chemin d'angoisses ne reparais-
sent pas à l'exception de deux ou trois.

Mais les faits dans leur brutalité suffiront à faire
excuser toutes ces imperfections. Le seul embarque-

ment du condamné sur le navire qui doit le transporter à la terre d'infamie, alors qu'il s'arrache aux bras de sa famille déchirée lui disant adieu pour la « perpétuité », constitue un de ces spectacles atroces que la plume est impuissante à décrire et qui font dire aux mères qui y assistent :

« Enfant, n'oublie jamais ce que tu viens de voir ! »

Jadis, lorsque les forçats avaient été injustement marqués au fer rouge à l'épaule et que leur innocence avait éclaté, le roi en les graciant les touchait du bout du doigt à la place précise où s'étalait leur stigmate de honte et le ministre disait au malheureux :

« Allez, vous n'avez plus de marque puisque le roi vous a touché ! »

Aujourd'hui il est nécessaire que le coupable soit recherché sans trêve ni repos, et que ce signe d'infamie demeuré moral soit effacé par la Société elle-même qui l'a imprimé et que le juge et le peuple qui, dans un aveuglement commun ne s'excusant que par nos misérables faiblesses humaines, envoyèrent un innocent au bagne, puissent dire comme le sénéchal ou le chancelier de jadis :

« Allez, vous n'êtes plus marqué ! »

F. SARNETTE.

Paris, 8 juin 1903.

II

UN CRIME

J'ai ma grâce, enfin... Je suis libre... J'ai le droit de conter mes souffrances ; j'ai un devoir, aussi, un devoir impérieux : crier mon innocence, obtenir du public, mon seul juge désormais, la réhabilitation complète, la sentence qui cassera l'autre, sans appel, et me consolera des tortures subies, du martyre enduré, de l'erreur judiciaire stupide, abominable, infâme...

Ce « journal » d'un forçat d'hier pourra ne pas être inutile... S'il tombe sous les yeux de l'un de ces hommes ordonnés, heureux et bons, sans doute, qui composent le jury et qui condamnent parfois à l'aveuglette, sur des présomptions, par soumission à je ne sais quel esprit de défense et de paix sociales, peut-être hésiteront-ils, demain, à envoyer à la guillotine ou au bagne celui dont la destinée est à leur merci, que les apparences accusent, que les témoignages accablent, mais dont la culpabilité n'est pas prouvée, certaine...

A des exemples récents, je veux ajouter mon cas... D'autres attendent encore l'heure de la grande réparation. Je leur dédie ces mémoires.

Je livre à cette souveraine justicière qu'est l'opinion des feuillets écrits sans souci de littérature... C'est de la vie douloureuse. Ce sont des pages maculées de boue et de sang. On en excusera la tournure décousue, parfois incohérente, lorsque l'on saura que la plupart furent crayonnées sous l'œil de mes compagnons de captivité ou dans le voisinage des gardes-chiourme.

J'ai simplement résumé, en brèves notes, les fugitives impressions de ma détresse ; je me suis remémoré les étapes exécrables de mon chemin de calvaire. J'apporte des souvenirs et des faits, des observations et des documents, de la vérité nue...

Je suis libre !

J'ai ma grâce !

Cette liberté est tout mon orgueil, toute ma joie, toute ma vie... Mais cette grâce ne saurait me suffire. L'innocent n'a pas à être gracié. La clémence est insolente quand elle s'adresse aux âmes fières. La miséricorde n'est bonne qu'au responsable. N'est digne de pardon que celui qui commit une faute — ou un crime !

C'est un crime que l'on m'imputa.

En voici le récit :

Le soir du 4 août 1886, rue Jean-Jacques-Rousseau,

à Moulins-sur-Allier, le piaffement des chevaux des gendarmes réveilla les habitants paisibles. La foule se massa bientôt devant une maison d'apparence coquette. J'ai su, plus tard, que les curieux arrivaient, sans cesse, en nombre. J'ai su que l'on s'interrogeait dans les groupes.

— Qu'y a-t-il donc chez le père Talabard ?

— On vient de le trouver assassiné dans sa chambre...

Oh ! comme j'étais loin de me douter, à la minute tragique où ces propos s'échangeaient, qu'un pareil malheur, fait pour me procurer tant de douleur, venait de se produire, là, dans une maison amie ! Oh ! comme j'étais loin de supposer qu'on allait me soupçonner, bientôt, de ce forfait qui me remplit encore d'épouvante !...

Mais la place de ma protestation indignée n'est pas ici. J'ai rassemblé des détails, j'ai puisé dans les faits divers pour donner une version exacte et complète du drame dont je devins l'involontaire acteur. Je veux, quant à présent, me borner à l'événement en lui-même. On en apprendra plus loin les conséquences.

— On vient de trouver le père Talabard assassiné dans sa chambre !

Voilà ce qui courait de bouche en bouche, dans la rue Jean-Jacques-Rousseau, d'abord, puis, bientôt, par toute la ville.

— Le père Talabard ! Assassiné !...

Il fallut requérir un piquet de la garnison pour

défendre l'accès de la propriété de la victime.

Un juge suppléant près le tribunal de Moulins, faisant fonctions d'instructeur, commença l'enquête, en compagnie du commissaire de police, arrivé parmi les premiers, du procureur de la République, qui les suivait de près, et du commis-greffier, presque aussitôt à la disposition des magistrats.

L'appartement fut exploré.

Un spectacle atroce attendait les visiteurs.

Le cadavre du vieillard gisait, face contre terre, dans l'embrasure d'une porte qui faisait communiquer le cellier et la cuisine. La tête, recouverte d'une serviette, reposait, baignait dans une mare de sang. La bouche était fortement bâillonnée par un foulard écossais qu'une main experte avait serré à coup sûr. Le crâne portait les marques de fractures nombreuses, occasionnées, pensa-t-on, par les chocs successifs d'un verre à pied de respectables dimensions que le meurtrier avait d'ailleurs laissé à côté du mort. Et il y avait des taches rouges sur des touffes de cheveux blancs.

Je précise d'après les renseignements que j'obtins ultérieurement.

Le cadavre portait un pantalon de drap gris (dont une poche était retournée) et une chemise blanche ensanglantée ; il était chaussé de pantoufles.

Dans la chambre les magistrats remarquèrent que les meubles avaient été bouleversés, certaines chaises brisées, et des traces d'éraflures d'ongles aux portes indiquaient qu'il avait dû y avoir en cet endroit une lutte terrible entre la victime et les agresseurs. Dans le secrétaire, qu'ils ouvrirent, les enquêteurs trouvèrent un certain nombre de pièces d'or de vingt francs, quatre billets de cent francs, un rouleau de titres et des actions et obligations de la Banque Italienne : le tout absolument en place et sans trace suspecte. Seul, le testament de la victime avait disparu.

Sur le trottoir bordant la maison, de larges taches rouges marquaient le passage du ou des assassins en fuite.

Ces constatations faites, les pièces à conviction saisies, les rapports dressés, les scellés apposés, les magistrats se retirèrent, la police fit évacuer les abords de la maison, tout redevint calme et la rue Jean-Jacques-Rousseau rentra dans les ténèbres de la nuit.

III

L'ARRÉSTATION

Du crime que je viens de vous raconter, on fit mon crime.

Un mystère planait sur le drame. Il fallait un coupable. Je fus ce coupable.

Vous saurez, plus tard, comment j'expiai l'assassinat du père Talabard, mon ami.

Quant à moi, certain que la justice, même boiteuse, marche ; sûr que la vérité, parfois lentement, arrive à se faire jour, j'entends exposer avant de récriminer.

Ma cause est une cause sociale, une cause humaine. J'ai assez souffert pour que ma souffrance ait un autre résultat, une moralité plus grande que le vain triomphe personnel.

Les juges m'ont condamné.

Le public, lorsqu'il m'aura entendu, jugera les juges.

On fit mon crime du crime que je viens de raconter.

Etait-il donc si difficile de constater, de proclamer mon innocence? Avait-on donc, contre moi, au moins des apparences de preuves, des charges accablantes, des renseignements déplorables?

Avais-je intérêt à la mort du père Talabard? Ou bien nourrissais-je contre lui quelqu'une de ces haines locales qui se dénouent parfois tragiquement? Ou bien encore pouvait-on imaginer quelque accès de folie que des circonstances ou des affirmations rendaient vraisemblable?. .

J'aurais désiré présenter longuement, comme prologue à ce suprême appel aux consciences, les termes de l'entretien que j'avais eu l'avant-veille avec *ma* victime :

— Bonjour, père Talabard !

— Bonjour, mon garçon ! Ça va? Tu es donc toujours en permission?

— Dame ! On fait son possible pour prendre l'air !

— Ah ! ces jeunes gens !... Enfin, petit diable, viens au jardin. Tu me diras des nouvelles de mes reines-claude !

— Ce n'est pas de refus !

— Eh bien ! en route !

Un crime... pour des prunes !... C'est la préface gaie de ma triste histoire, ces reines-claude du brave homme... Je lui dois le bagne, l'ignominieuse promiscuité, les accablants désespoirs, les inoubliables souffrances, et l'éternelle amertume du regret...

— Eh bien ! en route !

J'ai suivi le père Talabard... Je suis engagé volontaire au 99e de ligne, à Lyon. Ma famille est de longue date amie du vieillard qui m'invite. Il venait fréquemment chez moi faire sa partie de cartes ou de dominos... Et je ne vaux ni plus ni moins que les jeunes gens de mon âge. Il m'est arrivé, je l'avoue, d'emprunter une pièce de cent sous au brave homme, que mon père sermonait, pour ne pas laisser son fils contracter de dettes !...

Mon père bien-aimé ! Mon père qui subira, demain, des tortures pareilles à celles que je subis ! Mon père, l'homme probe, méritoire, considéré, s'exclamait de temps à autre :

— Charles est un bon garçon, un bon cœur, un être doux et obligeant, trop obligeant, peut-être avec ses amis, mais je ne veux pas que, soldat, il ait plus d'argent que je lui en donne. Cela servirait à ses dupeurs. Il donnerait ou prêterait tout, ce qui revient au même !...

De ces paternelles raisons, quel argument terrible on tirera contre moi ! On échafaudera, tout à l'heure, l'accusation sur ces raisons de la prudence et de la bonté...

J'ai goûté aux prunes de mon vieil ami Talabard. Je quitte l'excellent homme, qui m'accompagne jusqu'à la porte. Je l'entends me rappeler, après un cordial « au revoir » :

— A propos ! on m'a dit que tu allais te marier avec madame...

Je l'interromps :

— Ce sont des racontars.

Il reprend :

— Une femme superbe. Mes compliments ! Je ne crois rien de tes dénégations. Tu as du goût, mon garçon !

— Mais, père Talabard...

Je suis déjà loin.

Il continue :

— Bonjour chez toi ! Tu peux annoncer ma visite pour demain soir... Je dois à ton père une revanche au bésigue...

Je demeure tout près. Mais je suis en permission. J'ai des amis à voir. J'ai donc bien le droit de prendre le chemin des écoliers. Me voici, par la magie d'une rue détournée, au seuil de la maison d'une vieille voisine.

— Eh ! petit, tu vas bien ! fait-elle en m'accueillant... Sur tes amours, j'en sais de jolies.

— Des plaisanteries !

— Bah ! Ne te défends plus... Un beau parti, en somme !

— Je vous répète que cela n'est pas sérieux.

Quelques mots encore, et je m'en retourne, hâtivement, au pas accéléré.

Je parcours l'allée Nationale. Les miens, lorsque je rentre, reposent déjà. Je prépare ma valise, tranquillement, car je dois reprendre le train à une heure de l'après-midi pour gagner la garnison de Lyon avant l'appel du soir... Je dors du sommeil du juste... Je vais, au lever, faire viser ma permission. Je déjeune avec mon père, ma mère, ma sœur, aussi joyeux, ma foi, qu'un soldat peut l'être quand le délai de sa permission est sur le point d'expirer.

Au cours du repas, mon père me dit :

— Avant de t'en aller, va donc dire bonjour au père Talabard. Il se plaint de ne jamais te voir quand tu passes ici.

— Allons donc ! Je l'ai vu hier soir. J'ai goûté aux prunes de son jardin... Fameuses ses reines-claude !

— Tiens ! Il sera sorti après t'avoir vu. Hier soir, à sept heures, il n'était pas chez lui...

Et c'est là-dessus que le dialogue se termine et que s'achève le dîner.

On s'embrasse, avec effusion, comme on s'embrasse toujours chaque fois que je m'échappe de la caserne, pour venir dans mon pays, chez mes parents. Je me dirige, en compagnie des miens, vers la gare.

— Tâche de revenir le mois prochain !

— J'essaierai... Mais l'adjudant est sévère. C'est lui qui brise les meilleures intentions du capitaine.

— Allons ! Bon courage ! Soigne tes effets. Astique tes armes. On n'aura pas à te punir. Et l'on te verra bientôt !

— Entendu ! Au revoir !

— Bien des choses à Marguerite et au papa !

Le train s'ébranlait. Il était exactement une heure onze minutes.

Au retour de la gare, ma famille passa devant la

maison de Talabard. Mon père voulut s'y arrêter.

— Je lui dois bien un bonjour, puisqu'il me doit une revanche !

Mais la porte ne s'ouvrit pas. Et mon père s'en fut chez la voisine, où j'étais allé moi-même, peut-être pour s'enquérir :

— Ah ! ça, on ne trouve plus le père Talabard ! A-t-il des aventures ?

— Il est bien trop vieux, le brave homme ! Mais, si je ne me trompe, votre fils était chez lui hier et...

— Mon fils m'a dit. Je comptais même le voir chez nous.

— Oh ! Il a dû être occupé... J'ai vu sortir deux messieurs de chez lui. Je n'ai pas pu bien les voir. Je crois ne pas les connaître...

— C'est tout plein bizarre !

— Il est si cachottier !

— Si vous le voyez, dites-lui que je l'attends. Je tiens à une revanche...

Et mon père rentra.

Le lendemain, vers quatre heures, tandis que mon père était en train de lire, dans son bureau, cependant que ma sœur donnait, sous les regards de ma mère, un coup d'arrosoir aux jasmins et aux œillets de notre modeste parterre, M. Flammarion, le photographe, et mademoiselle Laurent-Larcher, la nièce du père Talabard, firent irruption soudain.

— Mon oncle est mort ! J'en ai le pressentiment ! Il a dû arriver un grand malheur, monsieur Redon !

— Mais, calmez-vous, de grâce ! Sait-on jamais ?...

Peut-être a-t-il tenu, sans rien dire à personne, à s'absenter, à se rendre à quelque rendez-vous d'affaires ou...

— Je jurerais, répondit Mademoiselle Laurent-Larcher, que mon pauvre oncle a été assassiné.

Elle s'évanouit...

C'est ma mère qui lui fit reprendre ses sens, grâce à un flacon d'éther.

Le photographe et mon père échangeaient leurs impressions et concluaient, d'accord :

— Allons-y! Nous saurons à quoi nous en tenir!

Ils firent le tour par l'enclos. Mon père emprunta l'échelle d'un voisin, M. Vidal, pour faire l'escalade et pénétrer dans le jardin, d'abord, puis dans le couloir qui conduisait au cellier. La porte de la chambre, une solide pièce de chêne, très résistante, était fermée en dehors. Il y avait du sang sur la serrure.

Et c'était du sang, du sang encore, du sang toujours, sur le bois d'un battant, sur une encoignure, sur le parquet.

La porte tenait bon. Malgré tous les efforts, on ne parvint pas à l'ébranler. Mon père conseilla :

— Allons chez le commissaire.

Et là, un secrétaire écrivit des bribes de déposition.

Il fit :

— Vers six heures, le patron sera là.

Mon père et le photographe s'en retournèrent au domicile de Talabard. Ils réussirent à enfoncer la porte. Au fond du bûcher, près de la cuisine, ils apprirent, *de visu*, l'horrible vérité.

Ils purent faire de curieuses remarques ; un baquet était plein d'eau rougie par du sang : les assassins s'étaient lavés de leur mieux ; ils avaient maculé une serviette pour s'essuyer.

Et M. Flammarion s'empressa de nouveau vers le commissariat. Vers six heures seulement, le commissaire de police fut de retour. Il vint faire les constatations, précédant de peu la gendarmerie, également avertie.

Dix jours après, au moment où je prenais la garde au fort Lamothe, à Lyon, je fus arrêté...

IV

LA COUR D'ASSISES

La torture du doute, du doute atroce et angoissant, avec ses alternatives d'espérance et de découragement, dura cinq mois.

J'avais au fond de moi, malgré l'accablant et fatal enchaînement des choses, une vague confiance dans ceux qui seraient mes juges. J'avais aspiré, fiévreusement, à ce jour où le tribunal m'écouterait, m'entendrait, où je pourrais me soulager par un cri de douleur parti du fond de l'âme. Je pensais pouvoir être éloquent pour affirmer mon innocence... Quand je raisonnais, froidement, calme, je concluais : « Il est impossible que l on me condamne. L'erreur serait trop impie et trop grossière. On m'acquittera, sûrement... Et même si l'on a relevé des charges, avec des apparences trompeuses, avec des interprétations mensongères, les jurés se laisseront attendrir par mes sanglots ; ils comprendront bien que je ne suis pas coupable, que mes larmes sont sincères ; ils auront pitié... »

Cinq mois ! Qu'ils me parurent longs, ces cinq mois-là... Accusé d'homicide, j'allais, enfin, entendre la sentence ! Oui, oui, ces hommes, interrogés par leur chef, répondraient selon leur conscience... Ils n'ont pas de haine, pas de parti-pris à mon égard. Ils sont honnêtes et bons. Ils ne se contenteront pas de vains racontars, d'allégations équivoques. Ils voudront des preuves matérielles, des faits indéniables, quelque chose de consistant, de solide, de vrai. Et comme personne ne pourra leur donner cela, puisque je n'ai pas rougi mes mains dans le sang de mon semblable, ils s'inscriront en faux contre les instructeurs, ils me dédommageront de mon immérité supplice par un verdict vengeur.

La cour d'assises de Moulins. Le 20 janvier 1887. Date de malheur et de honte.

J'essaie de comprendre l'acte d'accusation. Il est embrouillé, je crois, et je le devine terrible, formel... C'est sur des documents que j'en donne un résumé.

Il était dit que le soldat Redon, venu en permission après avoir emprunté cinq francs à un camarade, rentra à la caserne avec plusieurs pièces d'or.

Le soldat Redon avait fait à ce sujet des réponses différentes.

Au moment de l'arrestation, on avait trouvé une partie de son vêtement brûlée. Pour faire disparaître une tache de sang, bien entendu !

Et cela suffisait pour perdre un homme !

Je me réserve d'expliquer, plus tard, les choses qui parurent étranges pendant l'enquête et à l'audience. On verra que mes contradictions se justifiaient. On saura quel fut mon crime !

Je n'aurai pas le courage de raconter tout au long la journée de mon procès : l'interrogatoire, le défilé des témoins, le réquisitoire hargneux, la plaidoirie si simple et si belle. J'en veux arriver tout de suite à la minute suprême où le jury se retira dans la salle des délibérations.

J'avais éprouvé, surtout depuis l'instant maudit où l'on m'appréhenda, un sentiment d'immense fatigue, d'ennui lourd, d'égarement et d'affaissement, traversé par des crises de révolte. Mais jamais aussi nettement que cette fois je ne m'étais rendu compte de l'horreur de mon cas. On jouait, en ce moment, tout près de moi, une partie dont l'enjeu était ma tête ! Selon que ces hommes réunis pour me juger répondraient oui ou non aux questions qu'on leur poserait, cela serait, tout à l'heure, le retour à la vie, à l'air pur, aux champs embaumés sous le soleil radieux, la fin de toutes mes souffrances, l'honneur et le bonheur, la réparation et la joie..., ou bien, cela serait le bourreau et le couperet, l'expiation du forfait d'un autre, le châtiment infligé aux pires bandits, l'ignominie de la guillotine ou l'infamie du bagne.

Une inquiétude me tenaillait soudain ; je n'avais pas su me défendre ! Les coupables se défendent mieux ! Moi j'étais resté hébété et interdit lorsqu'il

fallait, probablement, m'exclamer en accents viru-
lents, et j'avais eu des regards chargés de colère
lorsque j'eusse dû, peut-être, conserver tout mon sang-
froid. Et les mots ne m'étaient pas venus pour faire
éclater aux yeux mon innocence, pour dominer les
esprits et attendrir les cœurs.

Mais la foi qui réconforte, l'illusion qui s'obstine
me reprenaient bien vite. Le bon sens était avec moi,
pour moi... Me condamner pour assassinat ? Allons
donc ! L'édifice des charges, laborieusement cons-
truit, était d'une fragilité dont je ne doutais plus.
Avoir tué le père Talabard, moi ? Pourquoi ? Pour le
voler ? On avait retrouvé son argent intact... Le jury
ne pouvait manquer de logique au point de me croire
coupable.

— Emmenez l'accusé !

J'embrassai la foule d'un coup d'œil. La foule des
témoins et des curieux ne me sembla pas hostile.
Mes amis étaient là, me souriant. Mon père me cria :

— Courage ! Tu es sauvé ! C'est sûr !

J'étais perdu.

Et ma mère, d'une voix si douce que seules les
mères ont cette voix-là, fit, s'efforçant de sourire :

— Ton couvert est mis à la maison ! Dans un quart
d'heure, tu seras acquitté. Nous dînerons ensemble,
mon Charles ! Courage...

Il m'en fallut du courage, maman !

Dans un local nu, j'attendis vingt minutes, vingt
interminables minutes. Les gendarmes s'adoucis-
saient, flairant, eux aussi, l'acquittement, persuadés,

eux aussi, de l'invraisemblable erreur judiciaire dont j'étais victime.

— Faites entrer l'accusé !

On m'introduit. Je regarde l'auditoire, de nouveau. Une sorte de consternation y règne. Des femmes essuient des larmes. Mon père et ma mère restent immobiles, accablés.

Je crains de deviner.

Mes yeux interrogent des voisins qui baissent la tête ou se détournent.

Un seul visage rayonne : celui du procureur.

Je comprends.

Le chef du jury se lève, prononce la formule :

— Sur mon honneur et sur ma conscience, devant Dieu et devant les hommes...

A la première question : le soldat Redon a-t-il assassiné Talabard?

Oui.

La voix poursuit... Elle me donne l'impression d'une musique d'enfer. Ma tête est pleine de feu, un tremblement me secoue. Je fonds en larmes. Je tombe étendu sur le banc...

Je suis relevé par mes pauvres parents. Je fais un surhumain effort pour reconquérir un peu de fermeté. On lit l'arrêt. J'entends seulement « travaux forcés à perpétuité ». Les autres mots se confondent, se heurtent dans mon cerveau et le déchirent, les autres choses se choquent dans mon cœur et l'abîment. Et, pendant que la foule se retire, on m'emporte dans une salle isolée ; je perds connaissance.

V

LE PREMIER PAS

Je souffre doublement : pour moi et pour mes parents, mes chers parents qui sont là, à mon éveil, quand je sors de la torpeur où m'a jeté le verdict odieux... Ils sont là, me baignant de leurs larmes. Mon père tient mes mains dans les siennes. Il sait bien que la fatalité s'est abattue sur moi, que je suis une proie, un martyr...

Un brigadier paraît au moment où je commence à me ressaisir :

— Allons ! Il ne faut pas rester là, monsieur et madame. Vous reviendrez le voir demain.

C'est la consigne. Le brave soldat obéit. Mais les mères ne comprennent pas ces consignes, trop rigoureuses, souvent, pour les coupables, terriblement cruelles lorsqu'on les exerce à l'égard des innocents.

Un cri étouffé répond à l'ordre du gendarme. Ma

pauvre maman défaille... J'endure mille morts en cet instant, où mon angoisse se confond avec l'angoisse des miens... Atterré, l'œil fixe, ne voyant rien, je sens ma raison qui s'endort, quand un frôlement doux comme une caresse me fait une fois de plus me redresser. Je regarde... Marguerite!...

Une jeune fille de vingt ans, jolie et douce, me murmure, d'une voix céleste :

— Espérez, Charles !

Pluie exquise, sur l'incendie de ma douleur! Rayon bienfaisant et divin ! Brise parfumée, souffle consolateur... Marguerite m'a dit : « Espérez! »

Je veux espérer. J'aurai raison d'espérer, toujours...

Marguerite est devant moi. Son père l'accompagne. Tout le monde ne m'a donc pas oublié, anathématisé, flétri? C'est de l'espoir vivant et rose, fleuri et adorable qui a pénétré dans le logis du forçat de tout à l'heure... Marguerite et son père sont accourus à la première nouvelle de ma condamnation. Ils ont cru, d'abord, que je triompherais de mes accusateurs. Maintenant, ils ne mêlent pas leurs accents à ceux des pourvoyeurs de bagne! Ils sont venus apporter à mes parents un admirable témoignage de fidélité. Ils sont venus prouver à la victime de l'erreur judiciaire que tout n'est pas fini pour elle et que l'avenir réparera le mal qu'hier, iniquement, lui a fait...

Je serais si heureux de pouvoir leur dire tout le bien que je ressens de leur visite! Mais je ne sais plus parler. Je pense... Je pense aux dimanches de liberté, à Lyon, que leur compagnie rendait si agréables au soldat.

Un mot me vient, un seul, dont je m'empare, que j'articule, que je répète en pleurant, en cachant mon visage :

— Merci ! Merci !...

C'est Marguerite qui reprend :

— Nous savons que vous êtes innocent ! Justice se fera...

— Adieu !

On m'entraîne...

Et c'est la solitude, encore, la solitude effroyable du malheur. En me laissant, on me livre à mes pensées... Ma volonté fléchit en ces heures affreuses, mon énergie s'efface et disparaît. Mais la mémoire me reste. Je revois nettement toutes les phases du drame qui ont abouti à ce fait : je suis un forçat.

C'est la prison. Ce sera le bagne... J'étais gai, insouciant, presque favorisé par le sort. Je regardais l'avenir avec confiance. Un incident inattendu m'a précipité dans la fange, dans la honte, au supplice. Comment cela s'est-il fait?... Aucun détail ne m'échappe. Je passe en revue, mentalement, les aventures courues en chemin...

Je me rappelle ma dernière permission, mon entretien avec Talabard, mes adieux à la gare, le lendemain ; puis, deux jours après mon retour, le premier contact avec le déshonneur.

C'était le 7 août, au fort Lamothe, à Lyon, vers

neuf heures du soir. J'étais de garde. Je dormais
sur la planche, après avoir pris ma faction. Le sergent, chef de poste, vint me tirer du sommeil :

— Redon, on vous demande !

Souvent, l'un de mes amis venait me demander
au 99e de ligne. Je lui avais justement dit que j'étais
de garde ce soir-là. Il avait eu la bonne idée de
passer bavarder quelques minutes.

Je m'étirai, me levai, bouclai mon ceinturon, et
en route !

Ce n'était pas mon ami.

— C'est vous qui avez à me parler, monsieur?

— Oui. Vous êtes M. Redon?

— Parfaitement. Que désirez-vous?

— Je suis envoyé par le parquet de Moulins. Je
voudrais savoir si, au cours de votre dernière permission, vous ne vous êtes pas disputé et battu avec
quelqu'un...

J'ouvris démesurément les yeux, tant je tombais
des nues. Mon interlocuteur se mit à rire.

— Disputé? Battu? repris-je... Mais pourquoi,
mon Dieu! Cela n'est pas dans mes habitudes, ni
dans les habitudes des personnes que je fréquente.
Je ne me suis ni disputé, ni battu... Puis-je savoir
maintenant, monsieur, pourquoi vous me posez ces
extraordinaires questions, pourquoi le parquet de
Moulins vous envoie?

L'homme tira de sa poche un papier jaune. C'était
un télégramme, paraît-il. Il me le présenta. Je lus,
je parcourus, plutôt. Et je ne saurais dire exacte-

2.

ment ce qu'il y avait d'écrit sur ce papier ou ce télégramme. Puis l'homme exhiba une carte. Et je vis :

BUCHNAT

Agent de la Sûreté.

J'avoue, je n'éprouve aucune répugnance à avouer que mon étonnement fut grand et apparente mon émotion.

« Buchnat, agent de la Sûreté... » Que me voulait donc cet individu ?

Il me l'apprit :

— Vous ne verrez aucun inconvénient à me montrer vos effets et vos bras ?

— Mais, pas du tout, si ça peut vous faire plaisir...

Je dois noter ce détail en passant : en arrivant chez moi, j'avais changé de linge. C'était le même linge que je portais, me disposant à le renouveler le lendemain dimanche.

Bref... Je déposai mon sabre, ma giberne, mon ceinturon, et je retirai ma tunique.

L'agent Buchnat la regarda avec un soin minutieux.

Je relevai les manches de ma chemise.

L'agent Buchnat, après un examen attentif, ne trouva rien de suspect.

J'en étais à mon gilet de coton... Je m'en dépouillai.

Alors, l'agent Buchnat, d'un geste automatique, posa le doigt sur une légère écorchure qui tranchait sur la chair à quelques centimètres du poignet.

— Qu'est-ce que c'est que ça? interrogea-t-il en plongeant dans mes yeux.

Je confessai la chose, sans détours : des milliers de punaises nous dévoraient au poste. Je m'étais gratté... Que le soldat dévoré par les punaises et qui ne s'est pas gratté me jette la première pierre... Moi, je n'avais pu résister à ce besoin... Je m'étais gratté... Si le policier avait daigné constater l'état de mes jambes (car j'avais surtout gratté mes jambes !) il en aurait vu d'autres !...

L'agent Buchnat me laissa reprendre mes effets, me salua, et fit :

— Vous avez de la chance de ne pas avoir de sang sur vous !

— Mais, pourquoi aurais-je du sang sur moi ? Où l'aurais-je pris ? Aux punaises ?...

L'homme parti, des camarades m'entouraient, curieusement. Je ne savais que répondre à leurs questions. La stupéfaction paralysait ma langue.

Puis une corvée apporta la soupe. Je me débarrassai, en dévorant, de mes préoccupations sottes. Et je ris avec les autres, de tout cœur...

Les autres ne demandaient, d'ailleurs, qu'à m'être sympathiques. J'étais riche... Et pourquoi cacher, aujourd'hui, la source de ma fortune !... J'ai payé la faute chèrement...

On fit des pièces d'or trouvées sur moi la principale charge de l'accusation... Je ne voulus jamais dénoncer leur origine, et c'est ce silence qui me perdit.

Un enfantillage peut approvisionner une guillotine !

Vous serez, lecteurs de ces *Mémoires d'un Forçat,* les premiers à recueillir mon aveu. Vous aurez la clé du mystère. Vous connaîtrez la cause de tant de tourments et de hontes !

J'étais, je l'ai dit, parti en permission en empruntant cinq francs à un camarade. Je revins en faisant sonner des pièces d'or.

Je dois le bagne à cet or.

Il était mal acquis.

Je l'avais dérobé, « chipé » à papa ; je l'avais pris dans l'étui de cuir placé dans son modeste secrétaire.

Quelque poète a dit à peu près :

Un père est un banquier donné par la nature.

J'avais, à l'égard de mon père vénéré, j'avais eu les mêmes idées que le poète... Mais je me serais bien défendu de le reconnaître, alors...

Il me faut, ici, placer une plaidoirie, en quelques lignes...

Vous savez déjà que mon père avait une conception très personnelle des besoins d'un jeune homme ; il m'avait refusé l'intégralité d'une somme infime, destinée à acquitter une dette, répliquant : « Il faut ce qu'il faut, — pas plus !... » Et je le savais si confiant et si bon, — c'était mon père ! — que j'avais

« chipé », je tiens au mot, car je ne suis pas plutôt un voleur qu'un assassin, une faible partie du contenu de cet étui de cuir qui fut mon talisman de la douleur.

Au quartier, je fis sonner le métal de mon avoir, bruyamment. J'étais si fier ! Je fus vaniteux ; j'exagérai... Je recueillis même des amitiés nouvelles, à cette occasion...

La visite de l'agent Buchnat me consternait soudain... Si mon père allait se douter...

Et j'avais une autre crainte, après le départ du policier, en reprenant la faction, une crainte atroce : peut-être me soupçonnait-on d'avoir été mêlé à quelque bagarre sanglante entre militaires. C'est quinze jours de prison, sinon le conseil de guerre, cela, par un colonel qui ne badine pas avec la discipline !...

... J'avais remarqué, sur la manche de ma chemise, en me déshabillant devant l'agent de la sûreté, une tache rouge, une marque de rouille comme il s'en produit fréquemment lorsque le linge est mis à sécher sur des fils de fer, après le lavage. Mon gilet était intact, il est vrai, prouvant bien que je n'avais participé à nulle rixe... Mais si une rixe avait eu lieu ? Si on allait m'inquiéter à ce propos ?

Sans songer à autre chose qu'à ma peur stupide, je brûlai la manche à la place de la tache... Et j'aggravai la maladresse, toujours par crainte d'être puni, en agrandissant le trou avec mon couteau...

Il convient de noter que la chemise en question ne

parut pas aux assises. Elle fut la pièce à conviction lointaine, absente, mais cependant décisive.

A cinq heures trente du matin, on me relevait de garde.

Je rentrai au fort à six heures.

Le sergent, chef de poste, m'ordonna :

— Mettez-vous en tenue de corvée. Vous allez descendre en prison.

— Pourquoi ?

— Je n'ai pas d'explications à vous donner. Mettez-vous en tenue.

— Mais, sergent, est-ce pour cette visite de tout à l'heure ? On m'a demandé si je m'étais battu... Je ne me suis pas battu...

— Je ne sais rien. Ordre de l'adjudant.

Je demandai l'adjudant.

— Mon...

— Je n'ai rien à vous dire...

L'agent Buchnat, cette fois accompagné, réapparut.

On me fit revêtir mes effets d'instruction. On m'emmena.

On me fit monter en fiacre.

J'implorais :

— De quoi m'accuse-t-on ?

Je n'eus pas un indice.

Et, sur mon insistance, je recueillis un brutal :

— Laissez-nous !

Devant un bâtiment d'aspect désolé, la voiture s'arrêta.

J'en descendis.

On me fouilla. On m'enleva mon tabac. Nous traversâmes un long couloir et je pus lire cette enseigne sur un guichet : *Permanence*.

VI

COMMENT J'APPRIS

Je voudrais, maintenant que les haines se sont tues, parler sans emphase et sans véhémence, conter simplement l'inepte et misérable accident de ma vie. Je voudrais me confier sans amertume, me réhabiliter sans colère.

Mais je m'exaspère, malgré moi, comme si l'infamie était récente, au récit de ce que je dois narrer pour le rachat de mon nom, pour la pureté du nom de mon fils...

J'ai lu : *Permanence.*

Une porte s'ouvre et se referme sur moi.

Une odeur nauséabonde m'étourdit, me suffoque.

Je suis avec des êtres dont je ne supposais pas l'existence. Figures sinistres, âmes de démons !

L'un rit à gorge déployée, et son rire est détestable comme le vomissement d'un ivrogne. L'autre parle un argot ignoble, si naturellement, si grossièrement, que ses voisins, ignobles et grossiers, en rougissent. Un autre encore chante des chansons obscènes, des chansons comme on n'en peut entendre nulle part ailleurs. Un couplet s'impose à mon souvenir, parce qu'il est rythmé sur un air très doux de vieille romance, parce que je me sens bercé par sa musique paradisiaque et hanté par ses idées satanesques. Il tient du blasphème en procédant du cantique.

Il subsiste, dans mon esprit, comme une œuvre d'art pétrie avec de la boue...

On ne se contente pas d'être immonde, dans cette maison du vice et de la misère, — on y est féroce, on y est lâche.

Ces proies du bourreau sont des bourreaux. Ces esclaves du joug éprouvent un besoin éperdu de tourmenter, de torturer.

Ils pourraient avoir de la bonté, à défaut de la fierté. Ils pourraient montrer de la douceur, sinon de la délicatesse. Ils pourraient apparaître solidaires, au moins, du malheur avec lequel ils voisinent... Mais non !... ils se régalent de honte, s'indigestionnent de haine. Ils jouissent de ce dernier vestige d'indépendance que permet l'antichambre de la prison pour exercer le droit du plus fort, pour dominer le malade et l'infirme, pour faire triompher, une fois encore, l'insolente raison des muscles ou le détestable argument de l'hypocrisie.

Féroces et lâches, je le répète, voilà ce que sont ces êtres, — j'hésite à les appeler des hommes... Et je ne crois pas non plus pouvoir affirmer que c'est leur faute ! Que deviendrai-je ?

La société m'a dérobé aux miens, m'a précipité dans ce milieu... J'ignore pourquoi... Si l'on me traîne de geôle en geôle, de bouge en bouge, n'en arriverai-je pas à trouver naturelle la conduite de mes compagnons, à faire de leurs révoltants plaisirs mon jeu favori ?

J'ai été témoin de cette monstruosité : un pauvre bossu tirait d'une poche de sa trop grande blouse des bouts de cigarettes qu'il avait ramassés dans la rue.

Il était faible. Il était donc l'instrument désigné aux fantaisies des individus qui m'entourent.

On s'empara de sa misérable récolte. On en confectionna, dans un bout de papier, un informe cigare. On le contraignit à le fumer, lorsqu'on l'eut juché, tant bien que mal, sur le lit de camp... Et si le pauvre hère ne poussait pas, dans l'atmosphère empuantie, des bouffées suffisantes, on tombait sur son échine à bras raccourcis, on flagellait sa difformité...

J'ai entendu cela. J'aï vu cela.

Mais la porte s'ouvre. On va, enfin, me délivrer.

Non pas. On me donne de nouveaux compagnons.

Ceux-là sont, Dieu merci, d'un autre genre. Ce sont des étudiants ramassés dans un monôme à cause de leur juvénile turbulence... Ils me parlent... Je les intéresse...

L'un d'eux, M. B***, plus tard pharmacien, publia,

dans le *Petit Parisien* du 8 décembre 1890, une lettre que je rappellerai.

On me demande :

— Pourquoi êtes-vous là ?

— Le sais-je ?

Et, par hasard, c'est un de ces jeunes hommes qui m'apporte la révélation.

Il a sorti des journaux de son veston. Il se met à lire. Il prend pitié de mon ennui. Il me prête la feuille.

Et, là, du noir sur du blanc, au bas d'une colonne de la deuxième page, ce titre : *Le crime de Moulins.*

Ah ! le voile est déchiré... L'agent Buchnat, la tenue de prison, le départ du fort, le mensonge policier, le silence de l'adjudant, la promenade en fiacre, la permanence, je m'explique tout !

On croit que c'est moi qui ai tué Talabard !

VII

DÉTENTION PRÉVENTIVE

Je ne veux plus me rappeler ce que je souffris lorsque j'appris « mon crime ». J'ai connu, depuis, hélas ! des douleurs que je ne souhaiterais pas à mon plus mortel ennemi... Je me suis trouvé aux prises avec les pires difficultés, j'ai dû combattre les persécutions les plus invraisemblables, j'ai parcouru des chemins où mieux vaudrait mourir en route. Eh bien, je le déclare, jamais épreuve ne fut aussi terrible que celle qui me fut infligée par la lecture d'un bout de journal — celui qui racontait le *crime de Moulins*, celui qui me faisait tout à coup entrevoir l'ignominieuse accusation.

Les étudiants, bienveillants, m'assuraient :

— Ces sortes d'erreurs sont reconnues parfois, rectifiées... Et l'on en est quitte pour un mauvais souvenir !

J'écoutais à peine. Je me sentais trop malheureux

pour tenter de me ressaisir. J'étais accablé, sans force, sans désirs.

On m'emmena à Moulins quelques heures après.

J'eus pour logis une cellule. J'eus pour couche un lit de camp. J'eus pour horizon les murs d'une cour.

Cela dura du 11 août au 4 octobre.

Le 5 octobre, seulement, dans la soirée, l'instruction entrait dans la phase active. Et cela ne fut pas, on me le répéta souvent, une instruction dans les règles. Conduite, tour à tour, non par le juge titulaire mais par le procureur de la République ou son substitut, elle fut menée souvent par le gardien-chef.

Ce dernier montrait une partialité tout particulièrement scandaleuse.

Comme je protestais de mon innocence, il me déclara un jour :

— Si j'étais magistrat, je me chargerais bien de te faire avouer.

— Mais comment, puisque je ne suis pas coupable ?

— Avec ma canne !

Cela suffit pour donner l'idée de la mentalité des créatures qui allaient bâtir, contre moi, l'édifice des charges « accablantes ».

Peu à peu, cependant, je reprenais possession de moi-même... L'espoir m'avait incidemment souri... Je m'étais dit : « Cette erreur n'est pas définitive. Ce malheur n'est pas irréparable. Il ne se peut pas que l'on me retienne tout le temps ainsi, sous des prétextes qu'un simple examen fera s'évanouir. » J'avais déjà ressenti trop de chagrins, trop de confusion, j'avais subi trop de châtiments immérités. Je désirais en finir, tout de suite. Maintenant que je me sentais plus robuste, après la fatale crise d'affaissement, je voulais, à tout prix, crier, prouver mon innocence.

Je demandai à écrire au ministre de la justice.

Le procureur me le défendit formellement. Il donna formellement l'ordre au gardien intérimaire de ne me donner ni plume, ni encre, ni papier.

La loi veut-elle cela ?

Ceux qui sont les maîtres de nos destinées, les représentants du peuple, les législateurs, les gouvernants, savent-ils que pareils abus se commettent et sont-ils résolus à les laisser éternellement impunis ?

Je voulais écrire au ministre de la justice.

C'est le droit de l'innocent. C'est aussi le droit d'un coupable.

Un fonctionnaire du gouvernement s'y opposa.

Le 11 août, à cinq heures de l'après-midi, on m'avait fait sortir de mon cachot. Au milieu d'une foule énorme, je fus conduit au cimetière.

VIII

LA CONFRONTATION

Quelles nouvelles épreuves m'étaient donc réservées?... Je me doutais au moins de ce qui allait se produire, cette fois. Ce cimetière avait une signification précise. Il n'était pas besoin de procéder à des artifices de théâtre pour forcer mon émotion. Je me sentais de plus en plus consterné et faible. On me fit dissimuler derrière un gros arbre. Je ne saurais dire combien de minutes je restai immobile et silencieux, l'esprit accablé et le regard fixant les choses sans les distinguer. Puis le procureur donna l'ordre de me faire avancer. J'y obéis. Lorsque j'eus fait quelques pas, automatiquement, le procureur commanda :

— Tournez-vous, Redon !

Je me retournai. Et cela fut un réveil brusque et atroce, la fin brutale de mon engourdissement. J'avais sous les yeux, à quelques pas de moi, un cercueil ouvert et je vis, dans cette bière, le cadavre de Talabard.

Des larmes inondèrent mon visage, j'ôtai respectueusement mon képi.

Le procureur, le chapeau sur la tête, les pouces dans les poches de son pantalon, béat et railleur, me contemplait et contemplait la foule.

Un silence de mort régnait à ce moment.

Le procureur m'interrogea :

— Eh bien, Redon, reconnaissez-vous votre victime ?

— Je crois, monsieur, fis-je, reconnaître M. Talabard. C'est sa barbe. Ce sont ses cheveux.

— Avouez ! avouez! reprit le magistrat. Devant celui que vous avez tué, inclinez-vous ! Demandez pardon !

— Pardon de quoi ?

J'eus conscience qu'un fol emportement allait me livrer aux extrémités redoutables. La colère grondait en moi. C'en était trop, cette accusation publique... J'eus l'énergie de me contenir. Je déclarai :

— Je certifie, je jure que ce n'est pas moi qui ai tué M. Talabard. Je certifie, je jure que je suis innocent.

J'étendis la main, prenant Dieu à témoin. Et je continuai :

— Je donnerais ma vie pour que celui que vous appelez ma victime pût se dresser et désigner son assassin ! Je jure, je jure que je suis innocent !

Il y a dix-huit ans que j'ai vécu cet instant infâme.

Aujourd'hui encore, je répète que je donnerais ma vie pour laisser à mon cher enfant un nom réhabilité. C'est sur la tête de mon enfant que je jure !

Ah ! quelle puissance de volonté le ciel me conféra-t-il, en ces heures maudites, pour endurer l'épouvantable douleur que la sottise des circonstances et l'aveuglement des hommes m'infligeaient !...

Je fondis en larmes après mon serment. Et le procureur, lâchement, je dis *lâchement*, m'outragea.

— Vous ne voulez pas avouer, Redon ? Je vous ferai couper la tête ! Votre attitude est cynique.

Cynique, mon attitude ?... Je pleurais...

Un procureur aura-t-il éternellement le droit d'insulter un accusé ? La guillotine et le bagne ne suffisent-ils donc pas contre ceux dont une erreur judiciaire a fait ses proies ?...

L'insulte m'avait fouetté, cinglé, redressé. Je ne pleurais plus. Je regardai fixement, bien en face, le magistrat et je m'écriai :

— Vous êtes, monsieur, aussi petit de cœur que vous êtes petit de taille ! Votre conduite est odieuse !

J'avais signé ma condamnation. Et je ne tardai pas à le comprendre. Je ne le regrettai pas... Tout ne valait-il pas mieux que de subir l'injure, l'échine courbée ?...

Les gendarmes s'approchaient de moi. L'un d'eux, avec une grande douceur, m'admonesta :

— Taisez-vous, mon garçon, vous allez vous faire du mal !

Le juge d'instruction m'appela alors. Le greffier

écrivit ma déposition. On m'enleva les menottes. Je signai.

Et, à toute vitesse, la voiture me reconduisit à la prison devant laquelle se pressait une foule compacte et curieuse.

Je revis cette foule compacte de curieux le lendemain. L'on me conduisit cette fois chez M. Talabard, au numéro 25 de la rue Jean-Jacques-Rousseau.

Le parquet était sur les lieux.

On me demanda tout d'abord par où j'étais entré et sorti.

Je donnai toutes les explications nécessaires.

On passa dans la cour. On m'introduisit dans le cellier. C'est là, je l'ai dit, qu'on avait trouvé le cadavre... J'y entrais pour la première fois de ma vie.

Le procureur me fit connaître dans quelle position était la victime lorsqu'on l'avait découverte. Je jurai sur la tête de mon père bien-aimé, sur la vie de ma mère chérie, sur l'honneur de ma sœur, sur tout ce que j'avais de plus cher au monde, — comme je jurerais aujourd'hui sur mon fils ! — que j'étais innocent.

Et l'opération n'eut pas de résultat. Elle n'en pouvait pas avoir.

IX

J'ACCUSE...

Quand j'aurai obtenu ma réhabilitation — et je l'obtiendrai ! — il me restera encore un compte à régler.

Dès à présent, je me fais accusateur.

Il ne s'agit plus seulement de défendre ma cause; il s'agit de défendre le droit. Je n'appelle pas l'attention sur une infortune individuelle, je dénonce un péril public. Je dis, et je vais le prouver, que certains juges se conduisent, à l'égard des inculpés, comme de véritables criminels... Mon intérêt particulier s'efface un moment devant l'intérêt général. C'est pour la garantie de la liberté, pour la sécurité des citoyens, que je note ces affirmations.

Je vais parler de mes tête-à-tête avec le procureur. Je ne puis être soupçonné de mensonge ou d'exagération. J'ai mon honneur à venger et ce que je dirai ici est ou peut être utile à tous. Je vais parler pour ceux qui furent hier, qui sont aujourd'hui ou qui seront demain les martyrs d'une injustice.

Surprendre un écart de langage par une provocation et s'en servir dans un acte d'accusation, c'est mal. J'ai connu plus ignominieux que cela.

J'accuse un magistrat.

— Je vous ferai monter sur l'échafaud, me disait souvent le procureur, parce que vous n'avouez pas !

Il y avait dans ces paroles, auxquelles je restais d'ailleurs absolument insensible, une tentative d'intimidation qualifiée. La menace visait à m'arracher des aveux. J'y résistai sans peine.

Si le magistrat ne m'avait dit que cela, je pardonnerais à cet homme.

Mais, un jour, le sinistre acteur vint jouer dans ma prison une abominable comédie. Et c'est à ce propos que j'en appelle à l'opinion.

Je l'avais vu, invariablement, cruel et froid, féroce par raisonnement, buté, orgueilleux, méprisant. Et il entrait avec des larmes dans la voix, la marche hésitante, le corps ployé.

— Avouez ! Redon ! avouez ! implorait-il, sur un ton qui fendait l'âme. Avouez, je vous en supplie. *Et je vous promets d'arranger l'affaire !* Je ferai en sorte de vous faire condamner à cinq ou dix ans au plus. Nous ferons établir que Talabard vous a attaqué, insulté, que vous étiez presque en cas de légitime défense.

Ces paroles, j'affirme, sur la foi du serment, qu'elles ont été prononcées par ce magistrat.

Que ceux-là même qui ne croient pas à mon innocence les absolvent !

Je répondis :

— Votre parti-pris vous égare, monsieur. Vous,
me tenir un pareil langage ! Mais vous savez bien
que je suis innocent... Il vous faut un coupable à
tout prix, et vous me gardez. Torturez-moi, mais ne
jouez pas jusqu'à la fin cette scène piteuse, repre-
nez votre rôle d'hier.

Un magistrat change de rôle souvent au cours
d'une instruction. Je l'appris à mes dépens.

M. Charles, pharmacien, avait été pris comme
expert. Je sus plus tard qu'il était intime ami d'un
parent de la victime. Il lui fut toutefois impossible,
malgré son grand désir de me charger, de prouver
que j'avais du sang sur mes habits. Il affirma cependant que ma tunique était ruisselante de sang au
moment de mon arrestation. Mais les agents qui
m'avaient arrêté eurent la dignité de ne pas revenir
sur leur déposition, qui réduisait à néant les allégations de mon nouvel ennemi.

Le procureur me dit un après-midi :

— Vous ne voulez pas avouer! Tant pis pour
vous! Nous avons un moyen certain de faire la
preuve. L'empreinte de votre main ensanglantée est
restée sur le mur blanc de la cuisine!

Je poussai un cri de joie. Cela pouvait être le
salut... On verrait bien que je n'étais pas coupable.
On ne pourrait pas retrouver la trace de ma main.

— Vite! vite! suppliai-je, conduisez-moi chez

M. Talabard. On posera ma main sur l'empreinte. Vous serez sûr, alors, que vous vous êtes trompé, et vous réparerez le malheur. Vous rendrez la paix et l'espoir à mes parents en leur rendant leur fils, lavé enfin de la souillure des soupçons!

— Ce n'est pas la peine! répliqua le procureur; asseyez-vous!

J'insistai, je gémis... Ce n'était « pas la peine ».

Cependant, mon pauvre père soutenait une lutte terrible pour arriver à faire entendre la déposition de madame Rodillon, qui m'avait vu presque tout le temps au cours de ma permission. Le 4 août, notamment, elle m'avait appelé chez elle, pour me donner des amandes. Puis elle m'avait regardé jouer au ballon, dans le jardin, avec les fils du banquier, notre voisin, mes camarades de collège.

On n'interrogea ces jeunes gens ni pendant l'instruction, ni durant les débats.

« Ce n'est pas la peine! » estimait le magistrat.

Et il disait encore : « Ce n'est pas la peine », lorsqu'on l'adjurait d'interroger les voyageurs qui étaient descendus à La Palisse lors de mon retour à Lyon, le soldat monté dans le train à Roanne, dans le même compartiment que moi, l'individu habillé de gris que mademoiselle Louise Dupuit avait vu, tout intriguée, sortir de chez M. Talabard, le gazier Kolapp, entré bien après moi dans la maison de la victime, madame G. L..., qui avait également vu s'éloigner un homme du domicile de l'assassiné, d'autres encore...

J'accuse le procureur d'avoir intercepté les lettres que j'écrivais à mes parents et qu'ils recevaient par trois et par quatre.

Un matin, je pressai le juge d'instruction de me remettre en liberté :

— Vous savez enfin, monsieur, que je ne suis pas coupable. Laissez-moi libre. Vous me ferez surveiller s'il vous convient. Je resterai à votre disposition. Je ne bougerai pas de la maison de mes parents...

— Attendez encore quelques jours, fit le juge. Il n'y a pas de preuves contre vous, mais il reste certains points obscurs...

Je le remerciai. J'attendis quelques jours. J'attendis longtemps. Mes juges étaient aux bains de mer. Ils passaient leurs vacances...

Comme ils étaient frais et dispos à leur retour ! Ils avaient emmagasiné de l'énergie tandis que je me morfondais... En trois jours, tout fut bâclé, mené à la vapeur (1). On envoya le dossier à Riom. La chambre des mises en accusation décida que je passerais aux assises en octobre. Je vous ai raconté l'audience. Je vous ai dit le verdict.

(1) A l'appui de mes dires, au sujet de la manière dont fut menée l'instruction de mon crime, je cite le *Courrier de l'Allier* (21 octobre 1888), la *Justice* (même date), le *Petit Parisien* (23 octobre 1888), la *Lanterne* (même date), le *Nouvelliste de Lyon* (26 octobre 1888), la *France* (27 octobre 1888).

X

EN ROUTE (¹)

Je ne passai que peu de temps dans les prisons et maisons d'arrêt, malgré les démarches de ma famille qui redoutait pour moi le climat meurtrier de la Guyane. On me désigna pour être embarqué à Toulon, sur l'*Orne*, le 1er juillet 1888, à destination de Cayenne.

Je ne veux rappeler dans ces mémoires que les faits dont j'ai le souvenir précis. Ce journal n'est pas un roman. Je passerai donc rapidement sur mes

(1) Il faudrait un véritable volume pour raconter tous les tourments qui me furent infligés dans les prisons de Saint-Martin-de-Ré et d'Avignon.

Le gardien-chef m'offrit de me suicider : « Choisissez entre le poison, le revolver ou la corde. »

Je répondis froidement : « Il n'y a que les coupables qui se suicident. »

J'avais capturé une petite souris blanche et l'avais surnommée Espérance, elle partageait ma retraite et me consolait par sa présence. Le gardien me l'écrasa d'un coup de pied.

différents séjours dans les pénitenciers de France. J'étais trop malheureux, trop accablé pour noter des impressions, pour recueillir des documents. Je vivais sans avoir exactement conscience de ce qui se passait autour de moi. Je trouvais les jours très longs et l'existence exécrable. C'est là tout ce que je me rappelle en ces heures grises.

Mais voici mon esprit fouetté et mon corps mis en mouvement. L'*Orne* est en train d'appareiller.

Il est quatre heures et demie du matin. On extrait les prisonniers des casemates. Ordre nous est donné de nous former sur deux rangs, dans l'immense cour du fort.

L'appel a lieu. Tout le monde répond : « Présent! »

On nous divise en deux groupes. Un peloton du 61ᵉ de ligne nous sépare. Les soldats ont la baïonnette au canon. Un cordon de gendarmes nous entoure, l'étui-revolver débouclé, l'arme prête à partir.

Je suis parmi les premiers groupés.

Je croise, en traversant, une jeune fille et son père. Et je tressaille,

Si c'était elle !

J'ai vu indistinctement. Mes yeux se brouillent. Mon regard ne sait plus reconnaître. J'ai deviné. J'ai salué. On ne m'a pas répondu. On ne m'a pas reconnu. Et j'éprouve comme une amère satisfaction d'avoir changé ainsi.

Le vapeur clame de toutes les voix de ses sirènes. L'abord est déjà gardé par les troupes.

J'ai les joues baignées de larmes. Pourrai-je marcher jusqu'au bâtiment ?

— Adieu, Charles ! Adieu, mon pauvre martyr ! Nous pensons à toi. Nous y penserons toujours. Va ! Va ! Adieu ! Nous te sauverons ou nous mourrons !

C'est ma pauvre vieille mère qui me parle, ma pauvre vieille mère en pleurs.

Mon père la soutient.

Le capitaine Monteils s'avance.

— Quelles sont ces personnes ? me demande-t-il.

— Mes parents, mon capitaine.

— Gendarme, dit alors l'officier, faites sortir des rangs ce pauvre jeune homme.

Qu'il marche à la suite du convoi avec sa famille ! Brave cœur !

Je ne sais pas si, dans cette circonstance, le capitaine Monteils a transigé avec la discipline. Mais je garderai éternellement dans ma mémoire l'acte qu'il accomplit en cette minute inoubliable. Il agit comme un soldat !

— Merci ! merci ! s'écrient les miens.

Et c'est un court et chaleureux embrassement.

Le convoi arrive. On va nous séparer.

Mon père soupire :

— Adieu ! mon pauvre Charles ! Pars, adieu ! Peut-être pour toujours, adieu ! Mais sois sûr que nous sommes là, que nous ferons proclamer ton innocence.

Et le brave homme me fait cette réflexion en sanglotant :

— Il y a aujourd'hui trente ans que j'ai épousé ta mère!

Trois heures.

Un mouvement inusité se produit sur le pont de l'*Orne*, les matelots courent en tous sens, les gabiers sont dans la mâture, les fusiliers à leur poste, les timoniers à la barre.

Les condamnés pour la plupart chantent à tuctête dans les cages où ils sont enfermés.

Ces gens-là ont donc le cœur mort !

Le timonier pique six coups sur la cloche. Un coup de canon retentit qui fait légèrement osciller le pont, le bateau s'ébranle. Tout est fini.

A Dieu Vat!

Nous filons quatorze nœuds à l'heure. Je souffre du mal de mer et je suis transporté à l'infirmerie, où je retrouve Cavailhès, l'ex-notaire que j'ai déjà rencontré à la prison d'Albi.

Par le hublot, je vois, au loin, Alger, indolent et majestueux... Bientôt, on aborde. On embarque cent Arabes. Et comme je suis sur l'échelle de la batterie, regardant curieusement les nouveaux passagers, un gardien m'interpelle :

— Voulez-vous déguerpir, sale crapule! Ou bien vous allez recevoir du plomb dans le ventre...

Parmi les embarqués de tout à l'heure, au milieu des Arabes, il y a un Chinois, Loa-Tsu, un pauvre petit être souffreteux de vingt ans à peine, qui ne sait pas un mot de français ni d'arabe et qui, ne pouvant se débrouiller, devient l'objet des risées et des plaisanteries les plus cruelles des détenus. L'un jette son riz à la mer, l'autre lui brûle ses effets, d'autres veulent le pendre dans la mâture. On parle de l'*estraper* (1); mais il n'y a heureusement aucun cordage disponible.

Pour trouver un dérivatif à leur déconvenue, mes compagnons forment le projet d'étouffer tout simplement le pauvre jeune homme entre deux coussins de l'infirmerie. Déjà ils l'ont terrassé et ligotté. Prestement on jette sur sa tête un traversin et une couverture, puis tous se couchent sur le corps empaqueté, feignant d'avoir le mal de mer.

Tous les gardiens sont occupés à leur service près des forçats non malades. Un seul fait la sieste devant l'espèce d'entrepont qui sert d'infirmerie. Les misérables profitent de ces quelques minutes de demi-liberté pour égayer leur route par une tentative de meurtre.

Maintenant, Loa-Tsu ne pousse plus que des gémissements étouffés, tandis que ses jambes se tordent et que ses bras se raidissent.

Je me précipite sur le groupe qui entoure le supplicié.

— Ce que vous faites là est infâme, vous allez laisser cet homme, misérables, ou j'appelle immédiatement la garde.

Un grand fier-à-bras se lève :

(1) On sait que le supplice de l'estrapade, en usage au moyen âge, consiste à attacher la victime à une corde et à la tremper plusieurs fois dans l'eau.

— Toi, dit-il, tu vas nous faire celui (le plaisir de) de te la casser (de partir) et plus vite que ça, hein ? Si tu ne veux pas qu'on te fasse la « jaune ».

D'un bond, je me suis jeté hors de la barrière qui sépare les forçats du gardien endormi. En un tour de main, je me suis emparé de son revolver. Et je marche vers le groupe, résolu. Je crie :

— Place, ou je fais feu !

— Rosse ! répliquent les misérables.

Ils délient le Chinois.

Mais l'un d'eux me promet :

— Tu ne perdras rien pour attendre !

Des infirmiers passent, portant des couvertures. Je leur révèle ce qui vient de se passer.

Le gardien s'est réveillé au bruit de l'arme que j'ai rejetée vers lui. D'un coup de sifflet, il donne l'alarme. On accourt. Je tente en vain d'expliquer ce que j'ai fait.

— Aux fers !

J'y vais en compagnie des agresseurs et du Chinois.

En descendant dans la cale, Loa-Tsu, qui baragouine quelques mots d'anglais, se penche vers moi, tout triste et les yeux pleins de gratitude, pour murmurer :

— *I shall not forget it !*

Mais à quoi pourra jamais me servir la gratitude de ce paria, un de ces millions d'êtres honnis dès cinq parties du monde qui vivent d'immondices dans les ports en attendant que les agents de douane ou

les gardes-quais les chassent ou les tuent d'un coup
de revolver ou de gourdin ? Loa-Tsu était là, on ne
savait pourquoi. Un jour, à Aden, des Chinois s'é-
taient révoltés contre les policemen ; on les avait
condamnés à mort, Loa-Tsu s'était échappé et, l'Algérie étant terre française, il avait cru tout indiqué
de s'y réfugier ; mais les consulats de France dans
les Indes ayant maintes fois obtenu satisfaction
contre des Chinois malfaiteurs, le consul anglais
d'Alger avait sollicité de la France d'expédier Loa-
Tsu avec les déportés. C'est ainsi que ce petit être
malingre et inoffensif, compris dans je ne sais quel
complot, traînait la chaîne des forçats. Il convient
d'ajouter que la justice française ne se chargeait pas
de le garder, ni de l'employer dans les chantiers des
bagnes de Cayenne. Arrivé aux îles du Salut, il serait conduit hors de la colonie française, pour aller
se faire pendre ailleurs.

Cependant l'*Orne*, favorisée par une mer très calme
et une bonne brise d'arrière, filait en plein Atlantique ; depuis deux jours déjà on avait perdu de vue
les côtes d'Espagne et du Maroc ; un silence majestueux planait de toutes parts, coupé seulement par
le craquement de quelque mâture ou l'appel strident
de quelque ordre matinal jeté avant le branle-bas.
Puis un roulement de tambour se faisait entendre.
C'était le lever des forçats. A ce moment chacun doit
rouler son hamac et sa couverture et recevoir sa ration de biscuit et de café.

Quelques corvées ou une inspection du capitaine

du bord occupent une bonne partie de la journée. A deux reprises les déportés sont tirés des cages où ils sont entassés et conduits sur le pont, afin de respirer un peu d'air pur.

Depuis deux jours j'avais quitté les fers et je pouvais revoir les deux seules personnes à qui je pusse causer un peu librement et sans honte : le forçat Cavailhès et le pauvre Chinois, que la fièvre et la dysenterie commençaient à miner sans relâche et qui, sous la température torride du pont, grelottait comme un caméléon, à la grande joie des autres forçats.

Loa-Tsu avait reçu l'ordre d'aller manœuvrer la pompe.

Or, comme les fers lui avaient fortement endommagé les pieds et que la fièvre le brûlait, il était certain que le spectacle ne serait pas banal. Justement la chiourme était en belle humeur.

Une brute devait aider le Chinois. Et la brute frappait à chaque maladresse de l'infortuné.

— Aïe donc ! faisait ce bourreau.

Et les spectateurs applaudissaient comme au théâtre.

A un dernier coup, plus lâchement asséné que les autres, Loa-Tsu tomba, le visage contracté.

Quelqu'un des bandits remarqua :

— Il a absolument la g..... du garçon louchébem (boucher) qu'on a estourbi sur le ponton.

— Ah ! oui, l'Anguille !

— Justement, l'Anguille... c'est tout à fait ça.

— Eh ben, dit un autre, écorchons-le ; salons-le et faisons-en une matelote !

C'était le mot d'esprit de ce salon ; — une explosion de hourras l'accueillit, bientôt calmée par l'arrivée de six gardiens qui commandèrent le silence, le revolver au poing, prirent le Chinois, le roulèrent dans un sac qui traînait par là et le jetèrent de côté, près d'un rouleau de cordages, comme une bête morte.

Cavailhès et moi nous demandâmes à le prendre et à le transporter à l'infirmerie et nous pûmes le soigner jusqu'à la nuit.

XI

LES ILES DU SALUT

Le 1er août 1888, juste un mois après mon départ de Toulon, l'*Orne*, déjà signalée dans la nuit par le phare de l'île du Grand-Connétable, mouillait à trois heures de l'après-midi sur la côte cayennaise, aux îles du Salut, dont les deux principales sont l'île Saint-Joseph et l'île Royale.

Il n'est pas inutile, afin de suivre ce récit dans les diverses phases de ma captivité, de donner ici une esquisse rapide sur la position de notre colonie sud-américaine.

On désigne sous le nom de Guyane une immense portion de côte située entre le Venezuela et le Brésil, et fractionnée en quatre parties : l'une vénézuélienne, l'autre anglaise, la troisième hollandaise, la quatrième française ; cette dernière séparée de la Guyane brésilienne par le territoire contesté jusqu'à l'année

dernière entre la France et le Brésil et désigné sous
le nom de Counani.

Ailleurs, la colonie française est limitée par les
montagnes du Tumuc-Humac, qu'il est nécessaire de
mentionner à cause de son climat plus salubre que
la côte, et par le fleuve Maroni, qui sépare la
Guyane française de la Guyane hollandaise. Ce cours
d'eau, dont la navigation est souvent interrompue
par les *rapides*, présente un très grand intérêt pour
nos lecteurs, car sur la rive droite, c'est-à-dire sur la
côte française, se trouve Saint-Laurent, qui contient
un des plus importants pénitenciers de la colonie
et un hôpital très renommé dans la région ; sur la
rive gauche, côte hollandaise, se trouve Albina, rési-
dence d'un fonctionnaire néerlandais. Sur le fleuve
un groupe d'îles, désigné sous le nom de la Dame-
Blanche.

Revenons à la partie française du Continent. Il fut
un des premiers pays connus par les Européens. Les
Conquistadores espagnols y cherchaient au seizième
siècle l'*Eldorado*, le pays de l'or, et cependant c'est
aujourd'hui l'un des moins connus de l'Amérique.
C'est aussi l'un des moins peuplés.

Les climatologistes ont divisé la Guyane française
en quatre parties :

1° Les *terres mouillées* du littoral qui s'enchevêtrent
de mangliers et de palétuviers ; 2° les Pipris, maré-
cages qui se transforment en pâturages. Après la
disparition des eaux, les palmiers-pinots s'y substi-
tuent progressivement aux mangliers ; 3° les *savanes*,

grandes étendues herbeuses, émaillées de bouquets d'arbres ; 4° les pentes boisées du Tumac couvertes de forêts vierges ; au dire des explorateurs de ces contrées, ces forêts sont des voûtes de verdure que soutiennent des milliers de colonnades de 30 à 40 mètres de haut et, sur leur toit, les singes se promènent et les oiseaux avec plumages étincelants chantent joyeusement.

La région malsaine est la seule cultivée. On y trouve le bois d'ébénisterie et notamment le bois de rose et la carapa à huile.

Rarement le thermomètre descend au-dessous de 20 degrés. La côte est fort malsaine, la fièvre jaune et la dysenterie y sont presque à l'état endémique.

La population atteint à peine 20.000 habitants, composée de blancs, fonctionnaires et transportés, de nègres et de quelques Chinois ou Annamites et d'indigènes formant trois tribus, les Oyampis, les Roucayennes et les Emerillons. Enfin on rencontre aussi des Arabes déportés.

J'ai relaté dans cette brève description les îles de la côte, d'où toute évasion est réputée impossible, j'expliquerai pourquoi. Je signale comme villes ayant des pénitenciers et des garnisons françaises, arabes, annamites ou indigènes, la capitale Cayenne, puis Sinnamarie et Saint-Laurent-du-Maroni, à trente-cinq kilomètres de l'embouchure de ce fleuve.

Donc, le 1ᵉʳ août 1888, l'*Orne* stoppait aux îles du Salut.

Vers cinq heures on vint chercher les forçats dans d'immenses chalands.

Plusieurs fonctionnaïres des bagnes et portant divers grades présidaient à ce débarquement.

L'un d'entre eux, le chef K..., allongeait de temps en temps quelques coups de poing ou de pied à un détenu qui ne débarquait point assez vite selon son goût.

Un fort détachement de gardes-chiourmes de la colonie, en tenue grise et bleu clair, surveillait l'opération le revolver au poing.

Plus loin une compagnie indigène, baïonnette au canon, l'arme au pied, semblait, par ce soleil caniculaire, une armée d'idoles impassibles sous le ciel de feu. Cependant le chef K... activait le débarquement à grands renforts de jurons et d'insultes.

— Allons, la racaille, en avant !

Il dégainait de temps en temps le long sabre qui pendait à son côté et frappait nerveusement de la lame les plantes et les arbres qui étaient autour de lui, puis il remettait l'arme au fourreau, criait, injuriait, piétinait en tournant sur le sable comme une bête fauve. Certainement, le climat torride et les boissons de feu de ce pays maudit n'étaient pas étrangers à cette agitation, mais il y avait certainement aussi dans cet homme le désir sournois de faire du mal à quelqu'un ou à quelque chose, à n'importe qui ou à n'importe quoi.

A mesure que les forçats débarquaient, on remettait à chacun un hamac et une couverture. Lorsque nous fûmes tous à terre, on nous fit numéroter de droite à gauche.

Nous étions exactement cinq cent quinze. On nous divisa en trois détachements et nous fûmes conduits dans des cases pour y passer la nuit.

Elle fut horrible pour moi.

Dans les ténèbres, je me sentis tout à coup inondé de lumière. Étais-je le jouet d'une illusion ou avais-je enfin résolu le problème de ma délivrance ?... Je me trouvais, en tout cas, poursuivi par un besoin éperdu d'apaisement et de repos. Mais je ne voulais pas de l'apaisement que procurent le silence et la tristesse d'une nuit au bagne ; je ne me reposais pas, je ne me reposerais jamais en ce gîte de la honte et du crime.

L'idée du suicide me tentait et je m'efforçai de lui sourire. En bouffées âcres, tous mes regrets et toutes mes souffrances me montaient de la tête au cœur. Et puisque je n'avais rien fait pour mériter la situation lamentable où venait de me jeter le destin, j'aurais, bientôt, la joie amère de m'écrier, en un râle suprême : « C'est fini ! »

Je me levai, en proie à l'hallucination atroce et délicieuse de la mort, de plus en plus esclave du désir tentateur. Je me dirigeai vers la mer, me grisant de son troublant murmure, de son exquise senteur. Je gagnai, à petits pas, un point qui dominait la grève, d'où l'on pouvait contempler l'ininterrompue

bataille des lames écumantes, et j'appréciai davantage encore la séduction de l'oubli et la beauté du
néant que chantaient les vagues bleues sous la gri-
mace jaune de la lune.

Puis je ne sais quelle brise venue de France me
glaça soudain, me secoua de frissons, m'apporta
l'écho de paroles douces et calmes comme la voix
maternelle qui les avait prononcées un jour récent :

« Adieu, Charles ! Nous ferons reconnaître ton
innocence ! »

Mon innocence ! Il fallait l'établir et la proclamer
à la face des accusateurs... N'était-ce pas un noble
but, une raison d'être, un commandement impérieux
d'avoir à lutter jusqu'à la victoire ?...

Mourir ? Mais je n'en avais pas le droit... Un
homme qui a commis un crime donne le change à
la réprobation en disparaissant. On lui accorde que
son renoncement à l'existence est une sorte de réparation. On le félicite, quand il ne réussit pas à se
tuer, de la bravoure de son acte, de la grandeur de
son geste. Si le poison fait son office ou si l'arme
remplit sa fonction, on salue sa mémoire. On attri-
bue volontiers de l'héroïsme à sa faiblesse... « Il
était coupable, mais il s'est fait justice. Il n'a pas
voulu que son nom fût souillé, que sa réputation se
déchiquetât dans les débats d'une audience de tribunal. » Il était coupable ! Donc, il put conquérir le
pardon, l'admiration presque, la reconnaissance
publique, la sympathie des honnêtes gens et le bre-
vet de civisme en coupant court aux querelles, aux

accusations, aux interprétations, aux condamnations, aux expiations — en avalant un peu d'arsénic dans une cuillerée de soupe ou en se faisant sauter la cervelle!... Il était coupable... Or, il avait le remède à côté de son mal. Il échappait au remords, au déshonneur, au bourreau, au bagne, en acceptant la tombe.

La pensée humaine est paresseuse. Elle veut bien absoudre le crime qui s'amende, pour ne plus avoir à s'inquiéter.

Elle est implacable aux innocents.

Une erreur la fit accusatrice. Cela serait trop généreux, trop courageux d'avouer l'erreur.

On interpréterait mon suicide comme un aveu. On conclurait : « Il a mis fin à ses jours. Voilà bien la preuve qu'il avait tué M. Talabard ! »

Et ma mère me murmurait tendrement :

— Nous penserons à toi ! Nous ferons reconnaître ton innocence !

Je me dois à ma mère, à mon père, à tous ceux dont l'amitié n'a pas fléchi, dont la confiance n'a pas vacillé.

Je ne me tuerai pas.

Mon esprit est sauvé, mon cerveau affranchi, puisque j'ai, désormais, la conception bien nette de mon devoir. Je suis innocent. La foule des sots et des méchants qui m'accabla verra un jour éclater mon innocence, triomphalement, et je serai vengé, consolé.

Je sais bien le sort qui m'est réservé. Je me doute

un peu de ce qu'il va falloir souffrir encore. Chaque jour nouveau m'apportera un nouveau supplice, une nouvelle épreuve. Qu'importe !... Je subirai toutes les humiliations; j'endurerai toutes les misères, je saignerai à toutes les blessures, mais je marcherai à la vérité, à la justice, pantelant, vaincu, l'espoir à l'âme...

L'image enchanteresse de Marguerite s'est esquissée à mes yeux où brille la colère et que mouillent des larmes...

Elle m'a dit, elle aussi :

— Nous savons que vous êtes innocent, Charles !

Oh ! pour ma mère, pour elle, pour ceux qui gardent leur foi intacte, je veux, je veux vivre.

La livrée du forçat s'embellit de l'auréole du martyr...

... Je suis de nouveau étendu dans ma case. Les yeux grands ouverts, je rêve.. La voix douce de ma mère et la voix harmonieuse de Marguerite me caressent comme une céleste musique. Je revois mon pays, les rives ensoleillées du fleuve, les visages aimants d'êtres chéris. Je me rappelle les chansons fredonnées sur la route, là-bas, les fleurs cueillies en chemin, mes vingt ans insoucieux, mes ambitions, mes chimères...

La pureté de mes souvenirs est troublée par de sonores ronflements... Mes compagnons rêvent sans doute, eux aussi.

Lentement, lentement, l'aube vient... Je puis, maintenant, distinguer mes voisins de couche...

Quelle affligeante impression j'éprouve de mon examen ! Et que je hais le vice qui crée de tels êtres...

L'un d'eux s'étire, se frotte les yeux, me dévisage, et me demande :

— Eh bien, qu'est-ce qu'on a fait de ton anguille ?

— Je n'en sais rien...

Et je me reproche de n'en rien savoir. Qu'est devenu le pauvre Chinois moribond ! Je vais m'en assurer.

Il est resté dans l'infirmerie du bâtiment. Je m'y rends.

— Halte là ! Houp ! Et plus vite. Ou je te fais ton *affaie...*

Un tirailleur antillais croise la baïonnette. Je l'implore :

— Laisse-moi seulement regarder si le navire est encore ici.

— Si c'est *pour pati*, tu peux te fouiller.

Il rit d'un rire naïf qui découvre ses dents blanches, et me renseigne :

— Bateau *e pati* ce matin *Sinnamaïe.*

Sinnamarie est à trente kilomètres. Il faut renoncer.

Et de savoir l'infortuné Loa-Tsu éloigné, je me sens plus seul et plus déshérité.

Je réintègre « mon » milieu. Les forçats vomissent des chansons obscènes. Je connais déjà ces immondices. Ils les ressassaient en mer.

Je vais pour m'étendre sur ma couverture, mais un gardien m'interpelle :

— Dites donc, le chialeur (1), voulez-vous entrer dans un bureau ?

— Oui, j'ai demandé.

— Venez chez le chef.

Et le chef, tout chamarré, m'accueille par un grognement :

— Ah ! ah ! c'est vous ? Mais vous êtes le plus dégoûtant du convoi ! Assassiner un vieillard pour le voler !...

J'ai appris à me taire.

Le chef continue :

— Et vous niez toujours, hein ?

Je ne souffle mot...

— A la bonne heure ! Vous avouez... Votre silence est un aveu !

Alors, plus de silence ! Cette bravade ou ce défi me secoue, m'électrise.

— Non, monsieur. Je n'avoue pas ! Je suis victime d'une épouvantable erreur judiciaire. Je crierai jusqu'à mon dernier jour que je suis innocent, parce que c'est vrai !

Et des sanglots m'étouffent. Et je termine dans un hoquet.

— Taisez-vous ! commande le chef. On vous a envoyé ici pour que vous y creviez ! Ça ne tardera pas ! A la première réplique, on vous brûlera la gueule ! Ou on vous f... à l'eau pour donner à déjeuner aux requins.

(1) Celui qui pleure.

Je veux protester, non contre la menace, mais contre le soupçon.

Je m'enferre. Le chef aurait pitié d'un assassin qui s'attendrirait. Sa dignité lui défend de comprendre un innocent qui se justifie. Il est en rage et m'ordonne :

— Sortez ! Sortez ! Allons, sortez !

XII

LA ROCHE-BLEUE

Tous les jours, après la visite individuelle de chaque arrivant, faite par le directeur, des petits convois de trente ou quarante forçats quittent les trois îles du Salut pour aller dans les différents pénitenciers de la terre ferme pour lesquels ils ont été désignés.

Ceux qui restent, en attendant leur destination, se livrent aux trafics les plus scandaleux ; ils négocient hamacs, couvertures, effets, souliers. — Tout leur est bon ! — Pour quelques cigarettes, ils vendraient leur âme !

Lorsque leurs effets personnels sont troqués, ils volent ceux des autres détenus. L'administration ferme complaisamment les yeux sur ce qu'elle appelle « le vol entre voleurs » et c'est avec un pantalon et une chemise que les forçats se mettent en route, souvent, vers les différents chantiers de la colonie où la direction les a affectés.

Les îles du Salut sont situées en face de Cayenne, un peu au nord-ouest et vis-à-vis du pénitencier de Kourou.

Nous avons donné le nom des deux principales : l'*île Royale*, la plus grande, et l'*île Saint-Joseph*, ajoutons encore l'*île du Diable*, et nous aurons nommé le petit archipel au complet.

Ces îles sont en quelque sorte le lazaret de la Guyane française. Le climat en est salubre, la chaleur y est tempérée par la brise maritime.

Elles sont, exception faite pour l'île Royale, qui les domine beaucoup, peu au-dessus de la mer.

L'île Royale est le pénitencier des incorrigibles qui sont traités avec la plus grande rigueur. Là, sont envoyés ceux qui après deux ou trois évasions manquées se sont fait condamner par le conseil de guerre de Cayenne.

Ils sont assujettis à la chaîne simple ou double. Cette chaîne s'engage à la cheville gauche par un fort maillon et, courant le long de la jambe, s'attache à la ceinture par une courroie. Elle a remplacé la fleur de lys marquée au fer rouge sur l'épaule et le bonnet vert.

Si bien rivée que soit la chaîne, il y a des condamnés qui réussissent, je ne sais comment, à la quitter pendant la nuit.

Il en est d'autres qui se prennent d'une véritable affection pour leur chaîne. Ils lui donnent un nom comme on ferait pour un chien fidèle et la nettoient comme un bijou. Coquetterie de forçat !

L'île Royale contient aussi la prison des cinquante-neuf condamnés à mort qui attendent là le jour de leur exécution — ou la grâce du Président de la République.

Si l'exécution a lieu, elle se fait dans la cour de la prison, devant les autres forçats découverts, genoux en terre et entourés d'une file de gardiens. Le bourreau est un condamné.

Une église avec un clocher fort coquet, un couvent de Sœurs de Saint-Paul-de-Chartres et un hôpital très bien aménagé, voilà les autres particularités de l'île Royale.

N'oublions pas qu'un cimetière est réservé aux colons libres. Les forçats morts sont jetés à la mer.

Beaucoup connaissent la légende horriblement macabre des requins des *îles du Salut*. Elle est d'une rigoureuse exactitude.

Le cimetière du forçat, c'est la *Roche-Bleue*.

Constamment la mer la lèche et la lave de sa blanche écume. On dirait qu'elle cherche à effacer l'histoire des sombres drames qui y sont écrits et qui presque tous les jours s'y déroulent.

Voici un canot qui s'avance là-bas. Il vient de *l'île Royale*, il est monté par quatre « nageurs » portant le costume infamant.

Un surveillant, le revolver en bandoulière, est à la barre ; il dirige cette frêle embarcation sur la *Roche-Bleue*.

Sur l'arrière du canot on aperçoit un cercueil ; il contient le corps d'un condamné qui vient de terminer ses souffrances... Sa pauvre famille apprendra la chose dans un mois par le prochain courrier...

Mais le canot est fortement secoué par les brisants ; il est à quelques mètres de la terrible roche.

Impassible, campé à l'arrière, le surveillant tire de sa pipe juteuse des flocons réguliers de fumée.

Tout à coup, sans se lever, il commande aux transportés :

— Larguez les avirons !

Le mouvement s'exécute aussitôt.

— Versez ! reprend le surveillant toujours impassible.

Les quatre condamnés retirent le couvercle du cercueil et inclinent ce dernier sur le bord de l'embarcation et c'est le bruit flou du cadavre s'enfonçant dans les vagues !

A peine un peu d'écume autour du canot et l'onde se referme, et les forçats sont aux rames.

Mais ils ne se sont pas éloignés assez vite pour ne pas être témoins du drame qui se déroule entre deux eaux.

Au moment où le corps tombait à l'eau une multitude d'ailerons est accourue avec une vitesse vertigineuse. Ce sont les féroces requins, les hyènes de la mer.

Ils se sont retournés sur le dos et ont happé le corps, qui par la tête, qui par les bras, qui par les jambes.

En une seconde, la toile qui l'enveloppait a été déchirée. Et d'autres compagnons attirés par le bruit du festin sont arrivés.

Une lutte terrible s'engage. Elle dure ce que peut durer un éclair : la tête, un bras, une main, un pied ont été lancés à vingt mètres en l'air ; puis tout est retombé dans les gueules armées de dents effrayantes.

Tout est fini.

Tout s'est passé en une minute.

De l'homme vivant encore il y a quelques heures, plus rien n'existe, pas un lambeau de chair, pas un ongle, pas un cheveu.

De la Roche-Bleue, les squales ne s'éloigneront pas ; ils savent que demain, après-demain au plus tard, un nouveau festin leur est assuré.

Le canot funèbre est rentré et on l'a amarré jusqu'au prochain voyage.

Les condamnés regagnent le chantier.

Le surveillant bourrant une nouvelle pipe est allé tranquillement retrouver ses collègues ; ils vont ensemble reparler de la Corse en faisant une partie de cartes.

L'île Saint-Joseph contient beaucoup moins de personnel, un ou deux surveillants y résident avec le bourreau et quelques vieux libérés attendant tranquillement la mort en cultivant un petit jardin autour de leur case, loin du monde qui les a stigmatisés et ne voudrait plus d'eux.

Ces vieux libérés ont leur cimetière sur une petite

hauteur qui domine l'étendue restreinte de l'île. Il est fort mal entretenu et l'on ne se douterait guère, à voir cet amas de broussailles et d'arbustes, que sous cette terre gisent des trépassés.

Enfin quelques cases construites vers cette partie de l'île sont destinées aux condamnés fous.

Quant à l'île du Diable, elle fut longtemps destinée à servir de refuge aux lépreux.

Ils n'étaient astreints à aucun travail. C'étaient généralement des Arabes ou des Chinois condamnés dans nos colonies.

XIII

LES ÉVASIONS

Malgré les difficultés sans nombre et les trois quarts du temps insurmontables, il est quelquefois possible à un condamné de fuir le territoire de la Guyane française.

Toute évasion des îles du Salut est impossible, à moins que le forçat ne soit aidé du dehors.

Par une singularité curieuse où l'Océan se fait pour ainsi dire complice de l'administration, tous vont se faire prendre à Cayenne, ou en tout cas sur la côte de Guyane.

En effet les îles du Salut se trouvent placées au milieu d'un courant sous-marin très puissant.

Ce courant file 7 à 8 nœuds à l'heure.

C'est un des bras détachés du puissant Gulf-Stream et qui vient isolément des côtes de la Floride : il traverse la mer des Antilles à peu de distance des côtes, longe le N.-E. de la Colombie, le Venezuela, passe par les îles du Salut, devant Cayenne, touche le port même, gagne les côtes nord du Brésil, puis va se perdre au milieu de l'Atlantique à quelques degrés sud de l'équateur.

Il y forme un nouveau courant qui change de direction et disparaît au sud de l'Amérique, non loin du cap Horn.

Jetez une bouteille hermétiquement fermée aux îles du Salut, vous la retrouverez le lendemain ou le surlendemain au plus tard sur le rivage de Cayenne même.

Justement à cause de ce fait hydrologique, il y eut des évasions célèbres qui tournèrent au plus désopilant comique, s'il est permis d'employer un pareil mot en de si tragiques circonstances.

En voici quelques exemples.

Plusieurs condamnés réussirent, à force de ruse, à s'emparer une nuit de la baleinière du commandant des îles.

Aucun d'eux n'était au courant de la navigation ; avec leurs hamacs cousus, avec des chemises unies ensemble, enfin avec une couverture, ils parvinrent à gréer une voilure à l'embarcation. Celle-ci filait merveilleusement. L'équipage chantait victoire, se croyant à jamais sauvé !

Quelle ne fut pas la stupéfaction et le désespoir de tous au jour naissant, quand ils aperçurent les murs du pénitencier de Cayenne, au lieu de la ville anglaise où ils croyaient aborder !... Le courant les avait trahis. Inutile d'ajouter qu'ils furent lestement repé-

chés, avec armes et bagages, et conduits au pénitencier sous bonne escorte.

Un autre, profitant de ce qu'on réparait le clocher
de l'église, put, à la faveur de la nuit, démonter une
partie de l'échafaudage des maçons, former un radeau
(auquel il avait fabriqué une voile avec une chemise)
et filer, bonne brise donnant, des îles du Salut.

Comme ses frères, il vint se casser le nez dans le
port de Cayenne.

Les histoires de ce genre abondent dans la colonie
et ne servent qu'à augmenter les sévices et les ven-
geances des gardiens.

En définitive, on ne peut généralement s'évader
des îles du Salut sans un navire qui vient vous y
prendre.

Ces détails étaient indispensables à connaître pour
l'intelligence de ce qui suit.

XIV

JEAN LE TRAPPEUR

Le pauvre Chinois invalide Loa-Tsu, surnommé l'Anguille, avait été, je l'ai dit, laissé à moitié mort dans l'infirmerie de l'*Orénoque*, et, des îles du Salut, on l'avait conduit à Sinnamarie.

— Que voulez-vous faire de cet astèque ? Il est gros comme deux sous de poivre et n'a pas trois jours à vivre ! avait dit le commandant au chef du pénitencier.

— Peuh ! fit le chef, je devrais bien l'envoyer chez nos voisins, en Guyane hollandaise ou au Brésil, mais c'est encore du temps pour transporter ça ! Ah ! bon Dieu, s'il pouvait crever, quel débarras !

— Je ne crois pas qu'il en ait encore pour long-temps, s'écria le commandant en riant ; l'Anguille n'est fichtre pas fraîche !

— Combien que vous en voulez ? Je le prends à mon service, ce petit insecte.

5.

Ces paroles avaient été prononcées par un nouveau venu, un grand gaillard sec, au visage émacié par la souffrance, les joues couturées de cicatrices, l'œil noir cerclé d'un bistre bleuâtre.

C'était Jean le Trappeur.

Cet homme avait eu à lui seul plus d'aventures étranges et terribles que les plus aventureux habitants de la Guyane réunis.

Fils de Canadien et de Bordelaise, né en Algérie, transporté de France à Cayenne pour un crime qui ne fut jamais prouvé, il avait un jour brûlé la cervelle à un forçat qui allait assassiner le plus inoffensif des pensionnaires du pénitencier, l'un de ceux qui, dans ce milieu pourri, avaient trouvé la miraculeuse force d'être utiles et bons.

Une autre fois, Jean le Trappeur avait tiré du Maroni, où s'ébattent les caïmans affamés, un enfant de colon voué à une mort affreuse.

Il s'était évadé. Il avait trouvé le moyen, au prix d'on ne sait quels vaillants coups d'audace, de pénétrer dans le Brésil et d'y réaliser une petite fortune, sous un nom d'emprunt, à force de persévérant travail.

Mais Jean le Trappeur, une figure de légende, un personnage fantastique, devait ne pas voir finir sitôt ses soucis. L'imprévu, qu'il cherchait sans cesse, lui joua des tours presque invraisemblables. Un jour que le moderne mousquetaire chassait sur le territoire contesté, des Peaux-Rouges l'assaillirent.

Il ne se troubla pas. Il avait sa carabine et son couteau. Il fit feu de l'un, glaive de l'autre. Il tua quatre de ses agresseurs. Un cinquième lui sauta à la gorge et trois complices aidèrent à le terrasser. Il n'en fallut pas moins pour venir à bout de ce diable d'homme.

Il fut vendu à la Guyane française. On le reconnut à une cicatrice. On l'enchaîna plus lourdement. On le garda un an à l'île Royale. On le transporta à Sinnamarie. Sa conduite y fut exemplaire. Par sa grandeur d'âme et par sa témérité, il conquit tous les suffrages, il s'imposa à l'admiration, il désarma ses tortionnaires. Entre un incendie éteint grâce à son dévouement et à sa présence d'esprit et un sauvetage opéré dans des conditions périlleuses, il composait, avec des herbes, des spécifiques secrets si efficaces que l'on vit en lui un être surnaturel : le génie d'un sorcier, la bravoure d'un héros, la bonté de Dieu.

Libéré après trois années de services rendus et de peines subies, il se maria. Il acheta une pente boisée, sur le Humuc, un pavillon de travail, des plantations, et vécut simple et bienfaisant, aidant les uns, soignant les autres, conseillant les forçats et donnant au besoin des leçons à leurs despotes.

— ...Combien le Chinois ? demanda Jean le Trappeur.

— Mais rien du tout, mon brave, répondit le gardien-chef. Regardez donc ce que c'est ! Malingre, infirme, la patte démolie, sans parler de la fièvre ! Un joli cadeau, si on vous le donne !

— Ma femme le soignera. J'ai déjà un Annamite et un Siamois parmi mes garçons de travail. Il sera en famille.

Et le pauvre hère devint la propriété de l'homme de bien. L'ex-forçat vigoureux tendit la perche au doux monstre du bagne.

Et Jean le Trappeur parvint en un mois à guérir Loa-Tsu. Le pauvre Chinois, grâce à son maître, sut quelques mots de français, connut la manière de se rendre utile à son tour, se prit d'affection pour le travail et perça le mystère du dévouement.

Jean le Trappeur l'avait en outre dressé à un petit exercice fort utile dans la contrée.

On sait que, dans les pays chauds, et surtout dans les régions équatoriales, il existe, au milieu d'une entomologie aussi bizarre que variée, une espèce de puce pénétrante que l'on nomme vulgairement *la chique*. Ce petit animal est des plus malfaisants, il s'introduit sous l'épiderme et y pond ses œufs dans une alvéole de la grosseur d'un haricot.

Aussitôt qu'on s'aperçoit de ce nouveau et gênant locataire, il faut immédiatement procéder à son expulsion. Au Sénégal, au Congo et dans les Antilles, les négresses ont la spécialité de cet office, et elles s'en acquittent avec un tour de main admirable. L'Anguille, avec ses doigts d'idole de pagode et ses ongles de chat, acquit bien vite une dextérité et une adresse précieuses pour l'extraction sans douleur des chiques. Les colons, les planteurs, les forçats, tout le monde avait recours à lui ; et en entassant les ré-

compenses qu'il recevait pour ses opérations chirur-
gicales, l'Anguille avait fini par s'amasser un petit
pécule.

Sitôt que son service agricole le rappelait aux
zones de culture, il partait avec ses outils, accompagné d'une demi-douzaine de libérés qui se rendaient
aux savanes ou aux forêts. Cette existence, mi-do-
mestique, mi-nomade, lui allait à merveille, lorsqu'un
accident très grave lui arriva.

Etant dans les forêts, sous les immenses vanilliers
et frangipaniers qui s'enchevêtrent dans les taillis,
un serpent d'une espèce fort dangereuse le piqua au
bras très grièvement.

Il fut transporté à l'hôpital de Sinnamarie, où un
traitement provisoire conjura le mal immédiat ; mais,
à la suite de cet accident, ses accès de fièvre paludéenne le reprirent et le Trappeur exigea qu'on le
fît entrer à l'hôpital de Saint-Laurent-du-Maroni.

Je dirai plus tard comment le pauvre paria sut s'y
rendre encore utile et s'acquitter loyalement d'une
vieille dette de reconnaissance.

XV

UNE CATASTROPHE

Ce qui fait tenir à la vie, lorsqu'on a une conscience, même quand on est un réprouvé, même quand on est un forçat, ce qui fait désirer voir demain encore, c'est que l'espérance, parfois, filtre en minces filets de lumière dans les ténèbres du présent douloureux.

J'en eus une nouvelle preuve le 25 août.

Vers trois heures, ordre avait été donné par le gouverneur de la Guyane de transporter le reste des forçats des îles du Salut à Kourou, sur la côte. On nous entassa dans une pirogue qui manqua de chavirer. Et je fus présenté au directeur du pénitencier, M. Chenu.

Figurez-vous, dans ce milieu d'infamie, une face épanouie de tranquille bourgeois, l'air bon, le regard franc, un visage loyal.

Celui-là, dont j'étais la chose, ne trouvait pas indispensable que je fusse la proie. Il en avait tant vu défiler sous ses yeux, de ces forçats, qu'il s'était peut-être quelquefois demandé : « Celui-ci n'a-t-il pas gardé un bon sentiment au fond de l'âme? Celui-là n'est-il pas un innocent? »

Le cœur des hommes qui vivent en contact permanent avec les condamnés est tout à fait endurci et leur raison égarée, ou bien leur cœur est pitoyable et alors leur raison ne peut manquer de s'élever contre certains jugements et d'amnistier muettement des victimes de juges.

M. Chenu devait être parmi ces derniers. Il ne me vit pas forcément comme un coupable. L'écho de mon « affaire » était venu jusqu'à lui. Il m'interrogea :

— Voyons, Redon, qu'est-ce que cette ténébreuse histoire de Moulins?

Un honnête homme me parlait, avec bienveillance ! Je pouvais parler à un honnête homme, me soulager, me récrier contre l'injustice !

— Je vous avoue, monsieur le directeur, que je comprends mal ce crime dont on a fait mon crime. On m'a arrêté. On a instruit mon procès. On m'a condamné. Pourquoi? Parce que des circonstances se sont produites contre moi, parce que les apparences trompeuses me désignaient, parce que l'instruction, aussi, n'a pas daigné approfondir comme il aurait fallu...

— Nous examinerons cela. Vous allez vous bien conduire. C'est le premier point. Ne vous attirez pas de remontrances des gardiens. Je ne puis adoucir votre sort en aucune façon, pour l'instant du moins. Le bagne est le bagne. J'ai ma consigne et je veux, je dois y rester fidèle. Néanmoins, je ferai en sorte, si votre attitude ne laisse rien à désirer, de provoquer en votre faveur un supplément d'enquête.

Ivre de joie, j'allais me jeter à ses pieds.

Le chef fit un geste :

— Et surtout pas de fraudes, pas de commissions ! Sans cela je serais obligé de sévir.

Je m'éloignai du bureau du chef pour retourner à mon travail.

La vie de labeur n'était pas ce qui m'effrayait. Mais le supplice pour moi était la case du soir.

Là, dans un désordre indescriptible entre Européens, coolies, Chinois et Arabes, des scènes scandaleuses se reproduisaient à heure fixe. La force, comme toujours, primait le droit. Les mieux musclés avaient les frêles à leur merci ! Oh ! les indignités dont je fus spectateur ! Oh ! les immondices que je constatai dans ce milieu de pourriture !

Il faut taire — ces mémoires étant écrits pour le grand public, pour l'opinion — les obscénités dont je fus témoin. A quoi bon les narrer, au surplus ? Dans quel but d'utilité ? Pour qu'on les réprime ? Pour qu'on les empêche ? Mais l'administration connaît tout cela, et ne réprime rien, n'empêche rien, laisse faire, provoque, par la complicité de son inertie...

Les plus forts ne se contentent pas de souiller les

plus faibles. Ils les pillent, et les volent, et les martyrisent.

Les serviteurs de la loi ne voient à cette anarchie
du crime aucune espèce d'inconvénients.

Un soir, je fus introduit dans le pavillon du commandant, le chef qui m'avait au début fait si mauvais
accueil.

— Je ne m'explique guère, me dit-il, qu'on ait rejeté votre pourvoi.

— Cela est, hélas !

Et aussitôt j'entrai dans quelques détails, non seulement sur la procédure toute spéciale à la suite de
laquelle j'avais été condamné, mais aussi sur les infamies dont j'avais été victime.

— Eh bien, reprit le chef, que voulez-vous que
j'y fasse, moi ? Tout ce que je peux vous accorder,
c'est un changement de pénitencier. Je vais autant
que possible vous mettre dans le milieu le moins
perverti, vous quitterez ce soir Kourou et partirez
pour Guatémala.

Ce pénitencier, qui, certes, n'a rien de commun
avec la République centre-américaine du même
nom, est un établissement annexe et dépendant de
Kourou.

Le surveillant qui m'y conduisit avait été témoin
à Toulon des adieux déchirants de ma pauvre famille, aussi me parla-t-il avec douceur.

— Vraiment, pour ma part, me dit-il, je crois à
votre innocence, et je ne pense pas que vous fassiez
long feu ici.

Un frisson de joie me parcourut.

Hélas! mon enthousiasme ne devait pas être de longue durée.

A Guatémala, la vie était supportable, dans les débuts. Grâce à ma conduite irréprochable, je devins écrivain du chef comptable, et tout faisait prévoir que mon sort allait s'améliorer graduellement, jusqu'à la délivrance prochaine, lorsqu'une catastrophe, d'un seul coup, ruina toutes mes espérances, fit crouler mes jolies illusions.

A l'origine, je l'ai dit, le petit pénitencier de Guatémala ne contenait que des condamnés desquels l'administration pensait obtenir un repentir efficace. Mais, peu à peu, des rapports incomplets ou rédigés à la légère y amenèrent des coquins de la pire espèce.

Condesenne, dont j'avais fait la triste connaissance pendant la traversée, et Costa, un petit rôdeur de barrière arrêté à Paris et condamné pour vol, effractions et escroqueries, ainsi qu'une demi-douzaine d'individus du même acabit, étaient venus s'échouer là, eux aussi! Pendant les premiers mois de leur séjour à la colonie, ils avaient fait preuve de la soumission la plus passive, semblant se résigner à leur destin. Ils avaient fini par obtenir leur transfert à Guatémala. Ils escomptaient le profit d'une liberté relative pour accomplir de nouveaux forfaits. Ils ne rêvaient rien moins que de commettre un vol au préjudice de l'administration, afin de pouvoir s'évader.

Un jour que je rentrais de mon bureau pour coucher dans ma case, je fus arrêté par Condesenne qui m'interpella avec une tape amicale sur l'épaule :

— Dis donc, Redon, toi qui es un bon fieu, tu vas nous rendre un petit service.

— Quel service ?

— Tu sais qu'on veut s'esbigner le plus tôt possible d'ici. En es-tu ?

— Mais, repris-je, j'attends incessamment l'ordre de repartir pour Cayenne. Mon procès est, je crois, l'objet d'une nouvelle enquête. Je ne songe pas à fuir.

— Eh bien, mon p'tit, t'es rien loufoque si tu crois à toutes ces blagues-là. Tu es avec nous, tu y es bien, et tu y resteras sois-en sûr, et le tonnerre de Dieu ne t'en fera pas sortir !

— Chacun a ses idées, dis-je en essayant d'esquiver l'entretien.

— S'agit pas de ça. Tu connais le petit Costa, n'est-ce pas ? C'est un malin qui roulerait tous les préfectanciers du monde, tout petiot qu'il est. Eh bien, il a organisé un coup, quelque chose de réussi !

Je sentis un frisson glacial me parcourir les membres ; Costa était connu parmi les forçats comme un être des plus dangereux et on se demandait par quelle supercherie diabolique il avait pu se faire admettre à Guatémala.

— Qu'est-ce que tu veux que me fasse le coup de Costa ?

— Tu vas voir. C'est bien simple.

— Écoute, interrompis-je, tu sais que je ne suis pas de la même bande que vous autres. Si je m'évadais, ça ne serait pas pour aller faire des mauvais coups, mais pour avoir plus facilement raison des monstrueuses accusations qui pèsent sur moi et m'ont fait injustement condamner.

— Tu parles comme un *bavard !* (un avocat).

— Il ne s'agit pas de *bavard ;* le gouvernement de la colonie a reçu des ordres nouveaux à mon sujet.

— Qui t'a conté cette blague ?

— Le chef lui-même...

— Le chef ! Ah ! si tu t'avises de croire ce citoyen-là, il t'en racontera ; il finira par te convaincre qu'il fait meilleur ici qu'à Ménilmuche (Ménilmontant) et que les caïmans du Maroni ont des plumes à la queue !

— Enfin, je crois ce que je crois et j'attends avec confiance des nouvelles de chez moi et du ministère.

— Ah ! t'en as une santé pour un chourineur. Eh bien, écoute, tu veux pas être des nôtres, c'est ton affaire. Mais tu peux nous aider, au moins.

— En quoi ?

— Nous voulons nous la tirer.

— Alors ?

— Notre plan est de filer par les embusques de Marano au Brésil.

— Dans le Contesté ?

— Oui.

— Vous vous y ferez pincer, c'est plein d'agents français qui y rôdent.

— Et nos surins, donc ? Et le revolver qu'on a chopé l'autre jour à Marinotti dans son étui pendant que le zigue dormait...

J'allais de nouveau rentrer dans ma case.

Le bourreau de l'Anguille me retint par la manche.

Costa arrivait.

— Tiens, voilà Gringalet, parle-lui ! Expliquez-vous, je m'en fiche.

— Alors, tu veux pas marcher ? fit Costa.

— Marcher pour quoi ?

— Eh bien ! tant pis si tu casses le morceau. Pour f... le camp, il nous faut de la braise. Toi, tu vas chez le comptable tous les jours. Donne-moi seulement la clef de sa chambre. J'ai de la cire. On en fera une autre... on se débrouillera... Qu'est-ce que ça peut te faire ?...

— Ah ! je te vois venir.

— J'entre de nuit, reprit Costa, chez le comptable, je fais sauter le coffre-fort avec une pince que nous avons fabriquée. Je prends le pognon nécessaire à de braves gas qui ne veulent pas mendier en route, et nous filons illico par un radeau qui descendra l'Oyapok jusqu'au matin. Tu marches ?

— Jamais !

— Pourquoi ?

— Inutile de t'expliquer. Tu ne comprendrais pas. Il y a trop longtemps que tu n'as plus de conscience.

— Allons, bon... Il recommence ! Est-ce que tu

vas faire le sanglier (l'aumônier) maintenant... Alors c'est décidé, tu ne marches pas ?

— Non.

— Tu peux veiller au beurre au moins (faire le gué).

— Encore moins. Une fois pour toutes finissons-en. Je ne veux plus entendre aucune proposition de ce genre. Évadez-vous, réussissez si vous le pouvez, tant mieux ! Mais moi je ne vous suis pas, je ne le puis, ni ne le veux. Si je partais, cela serait, je le répète, dans l'intention d'obtenir la revision de mon procès, de retourner embrasser les miens, et non pas pour vous aider dans vos plans.

Le gueux insista :

— Qu'est-ce que ça peut te faire, si tu ne touches pas au coffre-fort ?

— Quant au coffre-fort, je m'oppose absolument à ce que vous fassiez le coup.

— Ah ! Et pourquoi ?

— Parce que c'est ici le meilleur séjour de la colonie pénitentiaire, qu'on nous y a placés pour adoucir les rigueurs de notre captivité, parce qu'en plus de cela j'ai la garde des écritures du chef comptable et que je jouis de sa confiance. Ainsi donc, ne parlez plus de coffre-fort, sinon...

— Sinon !

— Sinon, j'avertis l'administration.

Le petit Costa devint livide.

— Ah ! crapule, rosse ; tu fais la mouche aux bagnards, tu vas nous la payer !

Et il s'éloigna en entraînant son compagnon.

*
* *

Le soir, en rentrant au camp, il y eut grand conciliabule entre Costa et d'autres, qui s'étaient connus à Paris et faisaient le même travail : Le Blaireau, Poigne-d'Acier, le Dégoulineur, Pique-au-Ventre et la Dent-Bleue.

J'avoue que j'eus peur. Je reculai, craignant d'être frappé dans le dos par un de ces misérables.

Je restai dans la cour jusqu'à une heure avancée de la nuit. Vers deux heures, brisé de fatigue, vaincu par le sommeil, je rentrai dans la case et m'étendis sur mon hamac.

Une petite lampe jetait une lueur falote dans la pièce. Je distinguai un mouvement, presque dans le silence. Une vingtaine de gredins m'entouraient. J'avais Costa en face de moi.

Ce n'était pas le moment de discuter.

Pouvais-je même faire comprendre à ces brutes que je ne les dénoncerais pas ? Je m'étais opposé au vol ; je l'aurais empêché par tous les moyens. Mais je ne serais pas devenu délateur pour rendre leur évasion impossible. Cela n'était plus mon affaire.

Il fallait songer à me défendre. Mes agresseurs formaient un cercle turbulent.

J'avais sur moi un bouchon de liège. Et j'en fis un instrument terrible dans ma main fermée.

Costa s'était reculé, ramassé sur lui-même et précipité sur moi, d'un bond.

J'eus la chance de parer l'attaque par un demi-tour. Et comme le misérable voulait me saisir la jambe gauche, je le terrassai d'un coup de poing violent qui lui fendit la joue.

La mêlée devint générale. Je m'arc-boutai au mur, luttant sans peur contre ces lâches. Et, les poings n'y suffisant plus, je lançai des coups de pied, au hasard, sans relâche, atteignant des ventres, des poitrines, des visages.

Mais la lampe s'éteignit soudain. Quelqu'un des brigands l'avait soufflée pour avoir plus aisément et plus vite raison de moi.

Je reçus un choc sur la figure et un coup de couteau dans la cuisse.

Je me crus perdu. Les forçats, exaspérés de ma résistance, pensaient, eux aussi, que je succomberais dans un instant.

Ils comptaient sans le hasard — ou sans la Providence.

D'autres forçats, ennemis de la bande qui s'acharnait contre moi, firent irruption et balayèrent la case à coups de trique.

Je pus fuir, gagner la cour.

Une ronde de surveillants arrivait justement, trop tard, bien entendu, comme toujours.

— Qu'est-ce que c'est ?... demanda le chef.

J'expliquai que j'avais été victime d'un guet-apens.

— C'est bon, c'est bon, dit le gardien qui commandait l'escouade ; si vous croyez qu'on va faire une enquête pour savoir qui a tort ou raison !... Allons, en avant !... Conduisez-moi toute cette racaille aux cellules.

Malgré toutes mes protestations, je fus compris dans la rafle.

Un infirmier vint me faire un pansement et remplacer par une bande de toile le mouchoir dont je m'étais entouré la jambe.

Une fièvre atroce me brûla dans la nuit. Seul dans ma cellule, avec une cruche d'eau pour toute potion, j'eus une colère nouvelle contre mon destin.

Étais-je donc maudit que tout m'accablait, se retournait contre moi, souillait mes instincts les plus purs et salissait mes actes les plus légitimes ?

N'avais-je pas fait mon devoir en me refusant à la complicité d'un vol ? N'avais-je pas eu raison de tenir tête aux bandits qui voulaient m'assassiner ?

Oh ! la logique du bagne !

Les juges ont condamné un innocent.

L'innocent sera la proie du bagne.

Et ce n'est pas seulement la torture morale, qui sera mille fois plus dure pour lui, la torture physique viendra s'y ajouter. Il n'aura pas contre lui que le fonctionnaire et le garde-chiourme. Il aura aussi les coupables.

Les coupables sont ses supérieurs, en réalité. Ils n'ont pas de ménagements à garder, ils n'ont pas de réhabilitation à poursuivre, ils n'ont pas d'âme à sauver. Ils jouent toutes les parties, fanfarons et bravaches. Une infamie de plus ne leur coûte guère.

Et comme ils ont beau jeu contre le pauvre hère arrêté, condamné, déporté par erreur, ignorant le code du crime et la volupté du mal !

Hier encore j'étais plein d'espoir, je souriais ; mon regard se levait vers le ciel, ma pensée s'en allait vers la France.

Aujourd'hui ma chaîne a un maillon de plus.

Et le boulet sera plus lourd, et le châtiment sera plus cruel, *parce que j'ai fait mon devoir.*

La fièvre me brûle. J'ai des cauchemars hideux. Je me débats. Et je me souviens.

Je me souviens du jour fatal de ma condamnation, lorsque je sortis du Palais de Justice. Il y avait foule sur la place. Au milieu d'un rassemblement, un camelot chantait.

Il chantait une complainte, d'une voix gémissante :

> Écoutez tous en silence,
> Braves gens du Bourbonnais,
> Le récit de ce forfait
> Dont chacun demand' vengeance.
> Talabard sera vengé.
> L'assassin est condamné !

Le papier était imprimé avant que le verdict fût prononcé...

Braves gens du Bourbonnais, Talabard n'est pas vengé encore, mais celui que l'on accusa de l'avoir assassiné paie chèrement la méprise de la justice !

Ma fièvre s'apaise... J'apprends que je suis puni de huit jours de cellule... Ces huit jours me semblent bien longs... Je ne les termine que pour recevoir une autre mauvaise nouvelle : je suis désormais privé des petites faveurs conquises et l'on m'interdit désormais l'espoir.

Je n'ai pas trahi la confiance que l'on avait en moi. J'ai été une fois de plus du côté de l'honnêteté dans la bataille. C'est bien le moins que l'on m'en tienne rigueur !

— Vous reprendrez les travaux des « bagnards », m'annonce-t-on.

Je tente de m'expliquer. C'est oser l'impossible.

Et l'on m'inflige comme une leçon de morale des formules et des insultes :

— L'administration avait voulu entreprendre une sorte d'essai de relèvement sur une partie des condamnés. Le résultat est négatif. On va sévir, tas de chenapans ! Vous ne méritiez pas l'indulgence ! Vous êtes indignes de toute commisération ! Vous allez voir si l'on va vous calmer !...

... Guatémala avait été synonyme d'espérance pour les déportés. Il devint, à dater de ce jour, synonyme de géhenne.

Tous les matins, après le café, c'est le chantier, la pioche, l'outil, sous les yeux d'un gardien, pipe à la bouche et revolver au côté.

Une plainte est interprétée comme un mouvement de rébellion. Et la rébellion, c'est la balle dans la peau, sans jugement.

Quelle plume saurait peindre l'horreur de ce bagne du bagne ?...

Le soleil verse du feu comme un volcan de la lave

sur deux cents têtes écrasées par cet informe chapeau de paille tressée sous lequel la sueur ruisselle et dégouline sur la vareuse ou la blouse, telle une pluie d'été sur des terreaux desséchés.

Pas une minute, le labeur épouvantable ne doit s'interrompre. C'est à peine si l'on voit, de temps à autre, un forçat relever son chapeau et s'essuyer le front du revers de la main.

Le soleil darde toujours, ironique et implacable, et son feu tropical donne à la fournaise la majesté d'un enfer.

Pendant le repos, les surveillants se relèvent et les nouveaux venus s'empressent de visiter l'ouvrage déjà fait, afin de constater les progrès.

Un coup de sifflet... Le dur travail recommence, jusqu'au soir. Demain il en sera de même, et toujours, jusqu'à la mort, jusqu'à la baignade finale à la Roche-aux-Requins... A perpétuité !

XVI

CAYENNE

Six mois après, les chantiers d'équarrissage de bois à Cayenne manquant de bras, j'y fus envoyé avec une trentaine de mes compagnons.

C'est là que je retrouvai Cavailhès, qui, lui, n'avait pas quitté la capitale.

Cayenne! Ce mot si souvent prononcé, si souvent entendu, produit toujours, avec Nouméa, la même sensation d'épouvante et de répulsion que faisaient sur nos pères les mots de Brest et de Toulon.

Cayenne! Ce mot fait frémir, traînant dans sa terminologie je ne sais quoi de brutal, de cinglant et à la fois de lugubre.

Aussi bien, les trois quarts, pour ne pas dire la totalité, des cas de transports à Cayenne ont pour racine l'argent ou la femme.

La femme et l'argent sont les deux chevilles

6.

ouvrières de cette horrible machine à souffrir qu'est la Guyane.

Cayenne, comme toutes les villes américaines, est bâtie en damier; les rues y sont pour ainsi dire tirées au cordeau, en ligne très droites à angles de 90°. Le système, s'il n'est point artistique ni original, est assez pratique et offre de grandes facilités pour les travaux d'hygiène et d'assainissement. Il est vrai qu'à Cayenne ces deux opérations ne sont guère à l'ordre du jour.

La ville s'étend sur une assez grande étendue, quoique la population en soit relativement restreinte : une quinzaine de mille âmes, si l'on ne compte pas la population flottante. Toutes les maisons, à la façon de certaines villes flamandes, n'ont qu'un étage, ce qui fait que les rues sont fort longues et peu peuplées.

De plus, il y a dans l'intérieur de la ville d'immenses places, entre autres la place de l'Esplanade, dite « des Palmistes », entourée d'une quadruple rangée d'arbres dits « Palmis », d'une hauteur prodigieuse et droits comme un fil à plomb.

L'aspect de cette place, une des plus belles du monde, est vraiment imposant et majestueux.

La place du Gouvernement, située un peu plus loin, est plantée de mangliers dont le fruit, la « mangue » ou le « mango », très apprécié des naturels, est connu sur tous les marchés maritimes européens.

De Cayenne, la mer n'est point belle à voir.

Louche, trouble, vaseuse. La cause doit en être imputée au Gulf-Stream, que nous avons cité plus haut et qui, longeant toute la côte équatoriale de l'Amérique du Sud, rejette sur le rivage la vase que les immenses fleuves de la partie nord du Sud-Amérique charrient en si grande quantité.

Les rues, les places, les environs de Cayenne sont d'une saleté repoussante, car tout y est permis, et l'herbe y croît à hauteur d'homme.

La population, en majeure partie de race noire, doit se plaire dans ces éléments orduriers, car, avec un peu de soin, la ville pourrait présenter un tout autre aspect.

Nous pourrions, nous Français, si jalousés par les étrangers, retourner un peu les rôles et prendre modèle sur les autres capitales coloniales étrangères. Voyez Georgetown dans la Guyane anglaise et Paramaribo dans la Guyane hollandaise. Quelle différence de moyens de colonisation ! Quelle régularité ! Quel ordre !

Il y a aussi beaucoup de la faute de l'administration ; ce qu'on appelle là-bas en bon style bureaucratique la *tentiaire*, par abréviation, ne se donne vraiment pas beaucoup de peine.

Il est vrai que le soin de la propreté est laissé à un oiseau étrange, de la taille d'un agami ou d'une oie : c'est une sorte de corbeau au plumage très noir, à la crête d'un blanc sale, à l'aspect grotesque et effrayant à la fois, qui dévore les charognes avec une avidité que rien ne peut apaiser.

Il serait facile de le détruire, car son vol est lourd et bas, son allure empêtrée, mais l'hygiène et ses édiles défendent avec juste raison de le tuer, car il fait ce que l'administration et la voirie ne font pas, par indolence.

Enfin, disons en résumé que Cayenne, si elle était propre et bien tenue, serait une des plus belles villes d'Amérique.

*
* *

En faisant la corvée devant le pénitencier qui longe l'avenue Nationale, et au moment du repos, je m'entendis appeler par Cavailhès :

— Dis donc, est-ce que tu reçois souvent des lettres de chez toi ?

— Pas mal, oui ! Je les reçois après lecture de l'administration, naturellement.

— Il faut croire que tes parents s'occupent de toi sans trop te le dire, car tu ne me fais pas l'effet de savoir que tu vas nous quitter.

Je suis sceptique maintenant.

— Comment ça ? dis-je.

— Eh oui ! je viens d'entendre un gardien dire qu'on allait le 3 du mois prochain (3 janvier) te rembarquer pour la France.

C'était trop précis pour ne pas m'intriguer. Je courus aux nouvelles : on ne savait rien de précis, mais « il pouvait être question de ça. »

M. Campana, le directeur, me reçut assez bien,

mais ne put me procurer d'autres détails. Cependant il était certain que la chose s'agitait depuis long-temps et qu'on ne tarderait pas à avoir une solution satisfaisante.

Hélas ! le 3 janvier passa, et aussi le 10 et le 20, et le 1er février, et rien ne vint.

Enfin, on me fit appeler à la direction, mais ce n'était que pour m'annoncer que, fidèle à sa tradition de permutations, l'administration allait me changer encore une fois et me faire transporter à Saint-Laurent-du-Maroni.

XVII

VERS LA JUSTICE

J'ai appris, depuis mon retour, des faits qu'il faut placer à cet endroit de mon journal. Ils démontrent clairement le parti-pris qu'exerçait la justice à mon égard.

Je n'ai pas le délire de la persécution ; je ne prétends pas que d'odieuses machinations étaient dirigées contre moi. Je constate, avec l'impartialité d'un historien, des irrégularités flagrantes ; je vais citer des documents à l'appui de mes dires.

Pourquoi ces irrégularités, pourquoi ce parti-pris, pourquoi cet acharnement ?

Je n'avais rien fait aux juges. Je n'étais pas leur ennemi personnel. Ils n'avaient à tirer de mon individualité chétive aucune vengeance.

Et je m'explique leur conduite, leur obstination, leur cruauté.

Ils s'étaient trompés. Et c'est pour ne pas confesser leur erreur qu'ils assumaient d'un cœur léger la responsabilité de ses conséquences.

L'intérêt livre ainsi une éternelle bataille à la conscience et il en est presque toujours victorieux.

Reconnaître que des doutes avaient subsisté tout le temps sur ma culpabilité, c'était me laver de la souillure, m'arracher au bagne, me rendre à la vie.

Mais c'était aussi avouer la faillibilité de la magistrature.

Périssent mille innocents plutôt qu'un peu de réputation judiciaire !

Plus d'un des hommes à qui je devais ma condamnation, mon martyre, devait regretter, au fond de son cœur, l'enchaînement stupide des circonstances qui m'avaient si durement frappé. Mais, tout haut, nul d'entre eux n'en aurait convenu jamais.

L'instruction a dit : « Redon est coupable » ; le jury a répété : « Redon est coupable. » Des preuves démentent l'instruction et le jury. On n'en a que faire ? Redon ne peut plus être innocent. Lui rendre l'honneur serait déshonorer une institution.

Ah ! quelle colère j'aurais éprouvée, là-bas, au bagne, si j'avais su ce qui se passait en France, si j'avais pu mesurer l'étendue de la mauvaise foi judiciaire !...

J'ai raconté, au début de ces mémoires, qu'une voisine avait vu, le jour du crime, sortir deux individus de la maison de Talabard. Le soir de l'entretien, une certaine veuve Lefour fit une autre rencontre, non moins étrange.

Je passe rapidement sur les détails pour en arriver au fait. Je note que cette femme parla de sa rencontre au brigadier de gendarmerie de Moulins; ce dernier lui conseilla d'aller faire ses confidences au procureur. Mais tout ce qui touche à la justice épouvante les gens. La veuve Lefour quitta la ville sans s'être rendue au parquet.

C'est seulement après ma condamnation que le procureur qui avait été pour moi un bourreau reçut de mon défenseur la lettre qu'on va lire :

« Moulins, 17 février 1887.

» Monsieur et cher confrère,

« Il s'est produit depuis le prononcé du verdict concernant Charles Redon des témoignages qui auraient très probablement changé la face de l'affaire si le jury en avait eu connaissance et qui à cette heure jettent le trouble dans la conscience publique, par suite de leur incompatibilité avec l'accusation.

« Je crois de mon devoir de les mettre sous vos yeux en vous autorisant à en faire devant la cour de cassation l'usage que vous trouverez bon.

» Je regrette vivement que la clôture de l'instruction judiciaire ne permette pas une enquête régulière.

» Néanmoins, je me fais un devoir d'envoyer au parquet le double de la communication que j'ai l'honneur de vous adresser et qui consiste, du reste, simplement dans le résumé de ce qui m'a été dit dans mon cabinet, en présence de mon éminent confrère M⁰ Armand M..., ancien député :

» Le témoin a déclaré se nommer Juliette Cellier ou Sellier, veuve Lefour, vingt-neuf ans, journalière, demeurant à Moulins, rue de Bourgogne. Elle a déposé en ces termes :

» Au mois d'août dernier, je demeurais rue du Petit-Riz, n° 12, et après ma journée finie j'allais vendre des fleurs à la Rotonde, place du Chemin-de-Fer. Le mercredi soir après mes courses je revenais, suivant mon habitude, de la Rotonde.

» Il pouvait être minuit ou minuit moins le quart. Je passais rue J.-J. Rousseau devant la maison de M. Talabard. J'étais au milieu de la rue quand tout à coup j'ai vu un homme sortir de chez M. Talabard par la porte du bûcher. Il a fermé la porte derrière lui. Il était grand, vêtu comme un ouvrier et armé d'un énorme bâton, son allure m'a fait peur.

» Il m'a regardée d'un air effaré. En passant devant moi, il a prononcé certaines paroles. J'ai cru entendre qu'il disait :

» — Voilà une femme qui ne me fera pas de mal.

» Je me suis dit en moi-même, c'est plutôt lui qui pourrait m'en faire. De la façon qu'il me regardait, j'avais peur qu'il ne me donnât un coup de bâton.

» J'ai continué mon chemin pour aller chez moi, rue du Petit-Riz. Cet homme marchait devant moi ; arrivé place des Minimes, je l'ai vu continuer rue Gambetta, et quand il a été devant les terrains vagues et profonds situés du côté de la rue de la

Batterie, il a jeté son bâton dans l'excavation qui est à droite en descendant, au milieu d'un tas de bois ; il parlait tout seul, il avait l'air d'un fou..

» J'ai été très impressionnée de tout cela, je n'ai pu dormir de toute la nuit : j'en ai parlé à plusieurs personnes les jours suivants.

» Après la condamnation du fils Redon, j'ai eu un remords de n'avoir pas été raconter cela au parquet. J'ai demandé l'adresse de M. Redon père et j'ai été lui dire ce que je savais.

» Je me rappelle notamment en avoir parlé deux ou trois jours après à un ancien gendarme, M. Morel, que j'ai rencontré du côté du Marché-Couvert et qui habite Vichy depuis qu'il a quitté Moulins. »

» Vous avez entre les mains, mon cher confrère, une lettre de M. Morel, ancien gendarme, qui confirme ce qui précède.

» Je n'ajouterai qu'un mot :

» En présence de révélations d'une telle gravité, ne serait-il pas trois fois désirable que la cour de cassation pût trouver dans les moyens de nullité que vous saurez faire valoir des motifs suffisants pour renvoyer le malheureux Redon devant un autre jury ?

» Veuillez agréer, mon cher confrère, etc.

» Signé : A. R***.

» *ancien bâtonnier.*

» Enregistré à Avignon le quinze mars mil huit cent quatre-vingt-huit. »

» J'étais dans le cabinet de M⁰ R. lorsque la femme Lefour a fait la déclaration qui précède et je partage entièrement l'opinion de mon confrère sur la gravité de cette révélation.

» Signé : M***.
» *ancien bâtonnier.*

» Vu pour la légalisation des signatures de M⁰ˢ R... et M... apposées ci-dessus :

» *Le maire de Moulins : V***.* »

*
* *

La veuve Lefour fut mandée au parquet sept ou huit jours après l'expédition de cette lettre.

Elle affirma que tout ce qu'elle avait dit était vrai, que ses souvenirs étaient bien précis, qu'elle reconnaîtrait l'homme rencontré si on le mettait en sa présence.

Le juge d'instruction Lh... dit, à ce propos, au procureur :

— Il faut avouer que Redon a été condamné sans preuves.

Et le procureur répondit sèchement :

— S'il y a lieu, nous saurons le réhabiliter.

S'il y a lieu !... J'étais au bagne... Il y avait lieu, tout de suite, de mettre un terme à mon supplice immérité. Je souffrais d'horribles tortures. Le procureur n'était pas pressé...

La confrontation entre la veuve Lefour et l'individu mystérieux donna-t-elle un résultat ? Le silence fut bien observé.

Le lendemain mon père fut appelé par mon défenseur.

— Cette fameuse confrontation n'a pas été faite dans les règles exigées...

— Comment cela ?

— Je ne saurais m'avancer imprudemment, mais plusieurs points me semblent suspects. Le procureur ne tient pas, j'en jurerais, à faire éclater l'innocence de votre fils.

— Par quel exécrable tour de force aurait-il donc raison de la vérité ?

On allait l'apprendre bientôt... On allait s'inquiéter de la mentalité de la veuve Lefour. Elle déposait en ma faveur. Elle était comme folle !...

L'opinion s'émut enfin. Une campagne de presse se fit pour et contre moi. Certains journaux publièrent une note hypocrite, peut-être dictée en haut lieu, et laissant supposer que mes parents avaient tenté de suborner deux témoins.

D'autres répliquèrent. Un écrivain courageux n'hésita pas à traiter cette invention de nouvelle infamie. La querelle s'envenima. Et l'affaire fut portée devant la justice.

Le tribunal se réunit le 20 novembre pour prononcer sur l'action en diffamation intentée par mon père. C'était le moyen le plus sûr de rouvrir le débat.

Deux maîtres du barreau de Paris étaient à la barre, notamment le citoyen Millerand. Le siège du ministère public était occupé par le même procureur qui avait réclamé ma tête.

— Non seulement Redon a été condamné sur des preuves insuffisantes, dit un des avocats, mais l'instruction de son affaire a été conduite de manière à accumuler contre lui les témoignages à charge et à éliminer ceux qui pourraient lui être favorables. J'ai les preuves en mains qu'au moment où Talabard fut assassiné Redon n'était plus à Moulins...

Le procureur l'interrompit :

— Je ferai observer à mon honorable contradicteur que je suis assez connu des membres de ce tribunal pour qu'on ne croie pas que j'aie pu requérir cette chose monstrueuse : la condamnation d'un innocent?

— Monsieur le procureur de la République, reprit Me Millerand, cette affaire est entre vous et votre conscience ! »

Un frisson secoua l'auditoire.

— J'ai les preuves complètes de la culpabilité de Redon, reprit le procureur, elles sont là.

Les deux avocats bondirent dans l'hémicycle.

—Donnez-les-nous ! Nous sommes venus pour les chercher. Avez-vous seulement communiqué toutes les pièces à la défense?

— Mais, reprit le procureur, les pistes conduites sur d'autres que sur Redon fils n'ont pas abouti ; j'ai communiqué à Me R..., l'avocat défenseur de Redon, toutes les pièces concernant ces enquêtes.

Je convie M. R..., que j'aperçois dans l'assistance, à venir déclarer que mes paroles sont vraies.

Un coup de théâtre se produisit :

M° R..., invité ainsi à venir prendre part aux débats, dit au président :

« *M. le procureur ne m'a jamais communiqué les pièces dont il parle.* »

Alors M° Pourquery se lève, et, blême d'indignation :

— Comment se fait-il, monsieur le procureur, que vous n'ayez pas communiqué au défenseur de Redon toutes les pièces du procès?

Pourquoi les avez-vous communiquées, en revanche, au commissaire de police qui a rédigé la note insérée dans les quatre journaux cités devant ce tribunal?

Y a-t-il deux poids et deux mesures dans la justice?

L'auteur coupable de cette publication n'est pas le commissaire de police, il faut chercher plus haut que lui, car il n'a été qu'un instrument.

Pourquoi ne veut-on pas laisser entendre tous ces témoins ?

Pourquoi ce qui est permis aux uns est-il refusé aux autres ?

Après être sorti de la légalité pour nous frapper, il ne faut pas essayer de s'abriter derrière elle pour nous empêcher de nous relever.

Je demande qu'on entende séance tenante les témoins Lefour et Morel, qui ont vu sortir de chez Talabard un homme armé d'un énorme gourdin, la nuit du crime.

Les juges entrèrent dans le salle des délibérations et déclarèrent :

« *Que les témoins Lefour et Morel ne seraient point entendus* ».

En appel, à la cour de Riom, ce fut la même réponse.

La cour déclara que ces deux personnes n'avaient été citées que depuis deux jours et ne pouvaient être entendues.

On objecta que depuis trente-cinq jours citation leur avait été faite.

Le tribunal passa outre.

Les juges condamnèrent les journaux qui avaient accusé mon père d'avoir suborné des témoins à vingt-cinq francs d'amende, un franc de dommages-intérêts et insertions, mais déclarèrent pour la seconde fois :

« *Que les témoins Lefour et Morel ne seraient point entendus !* »

Cela se passait le 16 janvier 1889.

*
* *

La vie de forçats est pleine d'inattendu. Les déceptions amères succèdent aux incidents atroces, sans discontinuer. Et c'est l'un des côtés les plus exécrables du bagne.

L'idéal se rapetisse lorsqu'on est malheureux. Quand l'esprit est accablé, le corps las, le cœur saignant, on limite facilement son désir. Que vouloir entre tant d'épreuves? Ne pas connaître épreuves plus dures!... on s'accoutume à sa souffrance, on l'accepte. Et l'on caresse comme un beau rêve l'idée de rester là où l'on est si mal, de ne plus bouger, de ne pas voir d'autres têtes hideuses de surveillants après celles auxquelles on est habitué, de ne pas accomplir d'autre besogne que celle où l'on s'est rompu les membres. Et la douleur est moins grande parce que l'on se sent devenir une chose indifférente, inconsciente, l'âme en sommeil, le cerveau inerte.

L'administration ne l'entend pas de cette oreille. Elle refuse à ses proies la tranquillité relative, la quiétude bestiale, où la tristesse finirait par s'endormir. Elle tourmente à perpétuité... Ce site vous a séduit, ce morceau de ciel vous plaisait, ces visages vous inspiraient une sympathie, ce climat vous était favorable! Houst! En route. On vous transfère. On forme un convoi. On vous secoue. On vous persécute. On vous jette à l'aventure...

Le 25 avril 1889, à six heures et demie du matin, avec des compagnons, je quittai le pénitencier de Cayenne sous la conduite de deux surveillants.

Nous étions huit : trois destinés à Saint-Laurent, trois double-chaîne et deux condamnés à mort pour l'île Royale. Nous embarquâmes à huit heures sur le petit steamer l'*Abeille*.

A deux heures de l'après-midi, on mouilla devant le pénitencier de Kourou et l'on appareilla le lendemain pour les îles du Salut, où nous abordâmes après deux heures de traversée.

On débarqua les condamnés à mort et, moins de vingt-quatre heures après, on partit pour la dernière escale.

La mer était démontée. Nous étions à peine au large quand la drosse du gouvernail se rompit.

On stoppa, un maillon d'ajustage fut passé à la drosse et, quelques instants plus tard, l'*Abeille*, secouée comme un esquif par la lame furieuse, reprit sa marche lente en longeant la côte à bâbord.

Harcelés par un inénarrable roulis, nous entrâmes enfin, le 28 au matin, dans l'estuaire du Maroni.

Il nous restait quatre heures de voyage fluvial à accomplir.

Nous voici à terre. On nous conduit au pénitencier, très étendu, entouré de palissades hérissées, tout à côté de la rive. Non loin, la caserne du détachement d'infanterie de marine. Derrière la caserne, le village, habité par des noirs, des libérés en plus grand nombre et quelques commerçants naturels du pays qui exploitent savamment, implacablement la détresse des parias. Comme toile de fond, décor superbe et effrayant, les forêts vierges...

Ne contemple pas, condamné, la majesté de la nature, ne regarde pas à l'horizon, travaille !... On nous envoie sans retard, à trois, pour arracher l'herbe dans un champ de bétel.

Une voix m'appelle.

Je me retourne. C'est M. Chenu, l'ancien gardien-chef de Kourou, qui fut bon pour moi et me parle presque avec douceur. Il vient d'être nommé principal à Saint-Laurent.

— Eh bien ! Redon ! Est-ce que l'on se fait un peu au bagne ?

On ne se fait pas au bagne, lorsqu'on est innocent ! Je réponds :

— Je mets tout mon courage, monsieur, à subir cette existence. Mais la fièvre...

— Vous viendrez travailler au bureau, cela sera moins pénible. Mais sans relâche, ou autrement !...

Sans relâche, je travaille. Je m'applique à tout faire. Je sens un peu de pitié. J'espère.

Un court moment, hélas !

Une effroyable épidémie de dysenterie s'est abattue sur Saint-Laurent. Les officiers, les surveillants, les militaires, les condamnés, tous paient leur tribut plus ou moins cher. Beaucoup tombent comme des mouches en novembre pour ne plus se relever. D'autres résistent.

Je suis atteint. Le mal pardonne rarement. On me dit en grand danger.

J'ai désiré la mort aux premières épreuves. J'en ai trop subi déjà. Je voudrais échapper au fléau, ne pas rester en route, lutter vaillamment jusqu'au jour de la suprême vérité, de la revanche.

L'idée de mourir, comme cela, bêtement, de cette épidémie, sans avoir prouvé à mes accusateurs qu'ils ont menti, me fait terriblement souffrir.

Je veux, au moins, ne pas disparaître sans laisser une affirmation écrite, nouvelle et définitive, de mon innocence. Au seuil de la tombe, je jure une fois de plus que je ne suis pas coupable.

Voici le testament que j'écrivis (1) :

« Saint-Laurent du Maroni, mai 1889.

» La terrible fièvre dont j'ai déjà souffert à deux reprises, à Kourou et à Guatémala, vient de faire un retour offensif ; comme j'ai déjà été à deux doigts de la mort, il peut se faire que je n'y échappe pas cette fois.

» En conséquence, je prie la personne, quelle qu'elle soit, entre les mains de qui ces papiers tomberont, de considérer comme point d'honneur la demande que je lui fais : de remettre, par la voie postale, ces dits papiers et la présente lettre entre les mains de ma pauvre famille. Après en avoir relu le contenu, je ne peux croire qu'il puisse exister au monde des êtres assez inhumains pour refuser à une famille aussi éprouvée que l'a été la mienne la joie de posséder les derniers objets de son malheureux fils.

» Je certifie que, condamné aux travaux forcés à perpétuité par la cour d'assises de l'Allier le 21 janvier 1887, je l'ai été étant *innocent ;* que jamais l'idée d'un crime ne m'est venue à l'esprit. Le pro-

(1) L'original de cette pièce est encore au *Petit Journal*. J'ai gardé à ce document sa forme décousue. On l'excusera en tenant compte que Redon, en l'écrivant, pouvait à peine penser tant la fièvre et l'oppression l'accablaient. Sa main tremblante traça ces caractères à peine lisibles.

cureur de la République S... savait aussi bien que moi que je n'étais pas coupable.

» Je certifie que les souffrances que j'ai éprouvées dépassent tout ce que l'on peut imaginer.

» Je demande pardon à ma pauvre famille des peines que ma jeunesse turbulente lui a causées. Ma grande consolation a été de voir mon innocence reconnue par elle.

» Je demande à mes pauvres parents de reporter toute leur affection et tous leurs biens sur la tête de ma chère Pauline, ma sœur.

» Je demande à ma chère Pauline qu'elle se marie, qu'elle habite une campagne, loin de cette méchante société des hommes, et qu'elle passe sa vie à consoler par tous les moyens qui seront en son pouvoir nos pauvres parents des peines qu'ils ont éprouvées.

» Je demande à la personne charitable qui trouvera ces papiers et la présente lettre après ma mort qu'elle les fasse parvenir au plus vite à M. Redon, propriétaire, 20, rue du 4-Septembre, à Moulins (Allier) (France), ou en cas d'absence à M. Fortier, notaire en cette ville.

» Je demande, connaissant la bonté de mes pauvres parents, qu'une simple croix de bois portant mes nom et prénoms soit placée sur ma tombe, dans le cas où l'on réclamerait mon corps un jour à venir.

» J'expose que, dans mon cœur, j'ai eu pour me consoler, non seulement mon amour et mes souvenirs de piété filiale, mais aussi l'amour sacré d'une jeune fille que, si le malheur ne m'avait pas atteint, j'aurais demandée pour partager mon existence. Je l'aurais tendrement aimée, mon cœur était bon. Qu'elle reçoive mes adieux, son souvenir a été arrosé bien souvent par des larmes.

» CHARLES REDON. »

*
* *

Le lendemain du jour où cette pièce fut écrite, je fus atteint d'un tel accès de dysenterie qu'on dut me transporter d'urgence à l'hôpital.

J'étais dans un tel état de faiblesse que je ne pouvais bouger de mon lit, dans la salle numéro 11, où râlaient vingt malades.

Là encore, j'eus idée de la bonté divine s'exprimant en humaine bonté.

Je me demandais, de nouveau, si la mort n'était pas une délivrance. J'appelais, en des minutes presque intolérables, le soulagement que la mort accorde même aux forçats !

Le souvenir de ma famille ne se dessinait plus, en riante image, qu'à de certains moments d'accalmie.

Alors, je pleurais sur le désespoir des pauvres parents apprenant soudain le décès de leur fils, au bagne… Et je voulais encore atténuer les regrets, panser la blessure. Un brave camarade, convalescent, « le 12 », écrivait sous ma dictée des épîtres où mon innocence s'affirmait en explosions de tendresse, où ma colère versait des larmes de sang.

Quelques-unes des pages de ce journal, que j'intercale ici, ont été noircies par « le 12 ».

J'eus le délire. Lorsque la nuit venait, je voyais, je revoyais d'exquises et d'abominables choses.

Je voyais, je revoyais mes camarades d'enfance, mes jeux, mes affections. Je revoyais le régiment, la chambrée, les galons du capitaine, l'air renfrogné de l'adjudant. Je figurais aux revues, je me fatiguais aux marches. Et, tout à coup, hideux, infâme, le bagne m'apparaissait, avec ses rigueurs, ses recommencements, ses injustices, ses poisons et ses potions.

Je sentais, à mon pied gauche, le maillon d'une chaîne. J'éprouvais la cuisson subite du fouet qui cingle, de l'insulte qui flagelle. Et je croyais entendre la voix haïe du gardien :

— Redon, au travail !

Et je croyais avoir devant les yeux l'imbécile et coquine menace du revolver d'un surveillant...

Et c'était le réveil, un réveil de paix et de béatitude. Les tempes battantes, la gorge en feu, le cerveau glacé, je contemplais, là, près de moi, tout près de moi, une sainte femme, une sœur, sœur Sainte-Claire, créature de Dieu, ange égaré dans l'enfer pour mettre dans sa laideur un parfum et une poésie...

Fée bienfaisante !... Elle m'offrait ses tisanes et ma douleur s'atténuait; elle m'apportait ses paroles et je me sentais plus fort.

Elle me disait, la voix pleine de douceur, le regard délicieux de pitié :

— Dormez !

Je fermais les yeux.

Et j'écoutais, la paupière close, la musique céleste de ses paroles :

— Vous allez mieux ! Vous guérirez !

C'est de l'espérance que cette femme versait dans la tasse des fiévreux avec ses infusions d'herbes fraîches...

. . . .

Assoupi, je devinais les mains de la bonne sœur bordant mon lit défait, essuyant mon front moite, arrangeant mon oreiller déplacé.

J'étais hors de danger le 12 juin.

Le docteur Mathey, qui m'avait témoigné, à diverses reprises, une instinctive sympathie et un réel intérêt, me proposa de me prendre à son service.

J'acceptai avec reconnaissance.

A trois heures, le jour même, je fis mon sac et me mis à la disposition du médecin. Et je connus, dès cet instant, la période supportable du temps de ma déportation.

Cela ne pouvait aller sans susciter de nombreuses jalousies, de méchantes rivalités. Jalousie et rivalité furent prodigues à mon égard. Et j'eus à me défendre, dès la prise de possession de mon poste, non seulement contre des compagnons envieux, mais encore contre des surveillants soudoyés, voyant

d'un mauvais œil la trop rapide fortune de celui qui
n'avait pas payé leur commission...

Je me crus assez fort pour tenir tête à tous les
orages en faisant consciencieusement mon devoir,
et je fis mon devoir consciencieusement. Je veillai
sur moi-même. Je me gardai du moindre oubli, de
la plus insignifiante négligence. Je m'appliquai, en
toute franchise, à satisfaire mon chef et mon bien-
faiteur.

La pharmacie était servie par deux condamnés,
— un Arabe et un Italien, — qui n'avaient pas
pareils scrupules. Ils gagnaient, grâce à d'inexcu-
sables indélicatesses, des journées fructueuses. Ils
me proposèrent la participation aux bénéfices. Je
haussai les épaules.

Les représailles ne se firent pas longtemps attendre.
Une cabale s'organisa. Celui dont j'avais pris la place
y joua un rôle actif. Il sut rallier — par quelle magie ? — le surveillant chef de l'hôpital, M. Poteau,
et ces juges me condamnèrent comme m'avaient
condamné d'autres juges...

Je n'étais pas assez « du Bagne », je n'avais pas
su me faire aux petites et aux grosses compromis-
sions nécessaires, je n'avais pas l'âme qu'il faut pour
profiter de certains avantages !...

Nous étions deux secrétaires au service du docteur Mathey. Les deux secrétaires écrivaient dans la
même chambre, mais il arrivait que mon collègue,
condamné à la relégation simple, sortait nuit et jour
et me laissait seul à la besogne.

Un beau matin, mon singulier compagnon disparut, se trouvant compromis dans un vol commis au village de Saint-Jean, lieu de détention des relégués.

Le docteur me désigna pour le remplacer.

C'était une charge et un avancement.

Par suite de l'épidémie de dysenterie qui sévissait avec plus de violence, l'hôpital était bondé de malades, les lits doublés. J'étais seul pour faire toutes les écritures. Souvent, j'étais obligé de passer les nuits au travail, me contentant pour dormir de la sieste indispensable dans ces régions, de midi à deux heures.

Je tenais avant tout à ce que le docteur fût satisfait de mon service, et maintes fois j'écrivis, pendant la nuit, sous sa dictée. Aussi j'avais obtenu toute sa confiance et le major Mathey ne me traitait nullement en condamné... ; meubles, valeurs, argenterie, rien n'était sous clef chez lui. Il savait bien que, toujours, je respecterais sa maison comme s'il se fût agi de la mienne.

Le 12 août, le gouverneur général de la Guyane française, M. Gerville-Réache, vint visiter Saint-Laurent. J'en profitai pour lui écrire une lettre conçue, du reste, en termes fort respectueux, et dans laquelle je protestais contre ma condamnation.

Ce n'était pas un fol espoir qui me faisait agir ainsi. Je savais bien que le gouverneur avait d'autres préoccupations, d'autres chats à fouetter.

Mais, dans ma situation, n'étais-je pas en droit d'escompter un juste retour du sort ?

J'expédiai donc ma supplique (1).

Deux jours après, je rencontrai Poteau qui se moqua bien fort de ma foi enfantine, de mes puériles illusions...

J'ai dit que ce fonctionnaire était au mieux avec des personnages suspects de l'établissement. Il arrivait souvent aussi que, à cause de ses libations trop copieuses, Poteau se trouvait avoir grand besoin de son homographe pour le soutenir. Dans son état normal, il était supportable, mais dans ses crises d'ivresse, il se transformait en brute.

Ce soir-là, Poteau avait plus que de coutume fait honneur au rhum et au tafia.

Poteau n'avait pas toute la confiance du docteur Mathey. Ce dernier avait dû à plusieurs reprises lui infliger des punitions pour ivresse manifeste et provocations au désordre.

Ce jour-là, le médecin de 2ᵉ classe assurait le service de l'hôpital en l'absence de son supérieur, à Cayenne pour quelque temps.

A la contre-visite, ordre me fut donné de prendre certaines températures et d'aller au village en donner connaissance au docteur suppléant. Je devais aussi établir et lui faire signer un bon à titre de cession

____

(1) La presse parisienne reproduisit ce document en 1890. — Le gouvernement de la Guyane, d'ailleurs, crut devoir n'y donner aucune suite.

remboursable pour un litre de lait, nécessaire à un malade.

Je descendais l'escalier quand Poteau se mit en travers.

— Où allez-vous ?

Je lui montrai mes pièces.

— Restez ici, reprit l'individu titubant. Et je vais vous flanquer à la boîte, ça vous tiendra lieu de promenade.

J'avais une consigne. Je tins à l'observer. Je brûlai la politesse à Poteau et m'échappai.

Au retour, on me mit aux fers, *pour refus d'obéissance !*

Le lendemain matin, heureusement, le docteur me fit délivrer et c'est Poteau qui médita tout à son aise, dans une captivité désagréable, sur les inconvénients de l'alcoolisme.

Mais les ivrognes sont rancuniers. Quand il eut purgé la punition, il s'entendit avec un nommé Molinier, très disposé aux besognes dégoûtantes, et obtint de lui qu'il falsifierait, sur les livres de clinique, les températures qui y étaient portées.

Le chef, naturellement indigné, s'en prit à moi. Je n'hésitai pas à répliquer que les erreurs n'étaient pas de ma faute. Je le fis en termes assez vifs, avec mon tempérament, et comme je discute chaque fois que je sais avoir raison. Je fus renvoyé sur le champ. Et Molinier, aux aguets, offrit, séance tenante, un homme pour me remplacer dans la peur de me voir rentrer en grâce.

La vengeance était incomplète encore. On trouva mieux.

J'avais reçu, en sortant de l'hôpital, un petit cadeau de la sœur Sainte-Claire, souvenir touchant offert par la vaillante créature au pauvre forçat innocent : un bol et une assiette, — une fortune, au bagne, pour le réprouvé, lorsqu'il a fallu jusque-là prendre ses repas à l'écuelle, comme un chien !

Lorsque je rejoignis le camp, Molinier ne voulut pas me croire sur la provenance de ces objets. Sans aucune enquête, malgré mes réclamations et mes prières, il me fit porter cette punition : « *Soixante jours de cellule avec fers doubles pour vol d'un bol et d'une assiette au préjudice de l'Etat.* »

Quelques mois plus tard, on fit une enquête, enfin. Et l'on est sûr, à présent, que jamais punition plus injuste ne fut infligée à Saint-Laurent.

Je fus puni une autre fois pour mollesse au travail. Je donnais tout mon effort, mais cela n'était pas assez. Je courbais sous le fardeau, ma faiblesse était coupable. Les gardes-chiourmes ne s'égayaient pas seulement de mes souffrances. Tous ceux qui peinaient en vain étaient logés à la même enseigne, provoquaient leurs rires, leurs réprimandes et leur sévérité.

Le 22 janvier 1890, on me désigna, avec la troupe dont je faisais partie, pour aller travailler au Nouveau-Chantier.

C'était un endroit terrible, perdu dans une clairière, et gardé par trois rangs de casemates. En langage du bagne, ce langage imagé et effrayant, mais souvent fidèle à la réalité, on l'appelait le « Tombeau des Forçats » ou la « Fin des Bagnards ».

De ce jour, j'eus à l'esprit, obstinée comme une hantise, l'idée de l'évasion...

XVIII

LE NOUVEAU-CHANTIER

Imaginez, au milieu des forêts vierges, trois ou quatre grandes cabanes appelées *carbets*, formées de quelques pieux plantés en terre, recouvertes de feuilles de wara et ouvertes à tous les vents. A l'intérieur, deux barres de bois horizontales, de façon à pouvoir attacher les hamacs les uns contre les autres. A quelque distance, une autre cabane, construite avec un peu plus de soins, servant à loger les surveillants destinés à garder les détenus.

Les nuits (oh! quelles nuits!), la nature règne dans toute sa sauvagerie. Les cris du jaguar ou lion puma, le grincement des troupeaux de singes, le chant rauque et funèbre des oiseaux de nuit donnent un concert infernal, cela à cent mètres à peine des carbets.

La manière dont s'exécutent les travaux des transportés est presque impossible à décrire. Il est fort difficile de s'en faire une idée, sans y avoir assisté, même comme simple spectateur.

Il est trois heures et demie du matin, une légère lueur dessine le jour naissant; le coq vient de lancer ses stridents appels et de donner le signal du réveil. Aussitôt, le surveillant de service sonne de la corne.

Ereintés de la veille, le corps meurtri, les transportés se sont levés et se rendent d'un pas lourd et traînant vers le logis des surveillants.

Le chef fait l'appel. S'il manque quelques appelés, on ne s'en occupe pas, on les rapportera peut-être morts de faim ou à l'état de squelettes, rongés par les fauves ou les caïmans.

Le chef « partage » les chantiers.

Quelques forçats, sous la conduite d'un contre-maître, ancien condamné, presque toujours un Arabe, vont dans l'intérieur des bois chercher des bardeaux (sortes de pièces de bois utilisées comme chaumes) et les apportent sur le bord du fleuve, où un chaland viendra les prendre pour les transporter à Saint-Laurent.

D'autres doivent apporter des piquets, d'autres des arbres, d'autres du charbon de bois. Enfin il en est qui sont conduits dans des plantations ou des terrains plus lointains, occupés à des travaux de défrichement, de drainage, d'empierrement de routes, de plantation d'arbres, de construction de fortins ou de maisons.

Après les quelques gorgées de café du matin, les

vivres ne sont plus distribués avant que la tâche soit finie.

Ceux qui sont employés aux travaux des bois d'ébénisterie abattent des arbres séculaires : thuyas, ébènes, palissandres, et s'appliquent à les équarrir.

Aucun sentier n'existe dans ces bois profonds, et ce n'est que par la forme des arbres que les escouades retrouvent leur chemin.

Malheur à celui qui n'a pas la force physique nécessaire pour terminer son travail ! Il se couchera sans manger et, le lendemain, sa tâche sera augmentée de ce qui lui restait à faire la veille.

Le genre de vie diffère sensiblement de celui des autres pénitenciers de l'intérieur de la Guyane.

Dans les forêts du *Grand-Chantier*, le forçat va souvent faire son ouvrage tout seul ; on ne craint pas qu'il s'évade, car il serait promptement dévoré par les bêtes fauves, sitôt le soir venu.

Les condamnés ne traînent pas la chaîne après eux, mais, aux différentes étapes du chemin qu'ils parcourent, des postes de gardiens sont établis, qui les tiennent en soumission avec la carabine. Le soir ils rentrent aux carbets.

Un jour, j'avais été désigné pour aller en forêt chercher douze énormes piquets et les transporter au dégrad (1). Ces pièces de bois, lourdes de trente à cent kilos, se trouvaient à une dizaine de kilomètres

(1) On appelle ainsi un endroit au bord de l'eau où les matériaux de construction sont déposés et où les chalands viennent les prendre.

dans l'intérieur des bois. Les compagnons qui avaient commencé la corvée avaient naturellement pris les moins gros piquets, de sorte que ceux qui restaient étaient presque intransportables pour un homme de force moyenne.

Depuis bien des jours, je n'avais plus de chaus-sures ; j'arrivai donc pieds nus, la chair meurtrie par ces hautes herbes où l'on rencontre si fréquem-ment les terribles épines du wara ; je me traînais péniblement, laissant derrière moi, sur la terre ar-gileuse, de longues traces de sang.

Quand j'arrivai à la clairière où étaient les piquets, un surveillant était assis sur l'un d'eux, fumant sa pipe, l'étui revolver débouclé, la carabine de chasse appuyée contre un tronc d'arbre.

Je saisis un piquet de soixante kilos et le chargeai, puis, comme je me disposais à partir :

— Il faut en prendre deux, me dit le surveillant.

— Mais, fis-je, je peux à peine traîner celui-là, je ne pourrai faire dix pas. Voyez dans quel état je suis !

Et je montrai mes pieds pleins de terre rougie de sang.

Pour toute réponse, le surveillant se leva, prit son revolver et, le braquant sur moi :

— Pas un mot. Obéissez ou je vous brûle !

Seuls tous deux, dans le bois, — un forçat à moitié nu contre un homme armé jusqu'aux dents, je me sentis perdu. Je ne pourrais jamais prendre deux piquets dans l'état où je me trouvais.

Résolument je m'approchai du surveillant.

— Monsieur, lui dis-je, vous êtes père de famille, vous avez des enfants, vous ne voudrez pas déshonorer leurs jeunes têtes par un crime sur un innocent. Remettez votre revolver et croyez bien que je suis ici pour le compte d'un autre et que je n'ai jamais mérité cet horrible sort !

Le surveillant baissa la tête, rengaina son revolver et s'en alla par les taillis sans dire un seul mot.

Je continuai ma tâche, mais ne rentrai que très tard, tant la besogne était rude.

Aussi bien, pour retrouver son chemin, ainsi chargé, il faut savoir à quel endroit on pourra percer les rideaux inextricables de lianes et de vanilliers, franchir les racines gigantesques des mandragores, se frayer un passage à travers les buissons aux larges fleurs vénéneuses hérissées de pointes aiguës et longues de plus d'un décimètre, jeter à propos un tronc d'arbre tombé sous la hache ou écroulé par vétusté sur un cours d'eau qui vous barre la route et qu'on voit à peine sous les taillis obscurs, traverser des flaques d'eau, se faufiler sous les branchages que les coups de tonnerre ont encroués les uns dans les autres, enfin, faire mille prodiges d'acrobatie... Et, quand le soir tombe, on arrive épuisé, anéanti, traînant sa charge, aux carbets, où vous attend une nourriture grossière et insuffisante,... à moins qu'on ne revienne plus...

Un jour, il pleuvait à torrents ; je me trouvais à plusieurs kilomètres des carbets du Chantier, amenant péniblement quelques paquets de bardeaux, tombant fréquemment, tant la charge me pesait, sur le sol argileux détrempé par la pluie, lorsque la route fut barrée par un arbre gigantesque que les orages avaient abattu.

Je déposai mon fardeau et enjambai le géant, mais à peine étais-je assis sur le tronc que de l'autre côté un énorme boa constrictor se dressa en sifflant, dardant une langue bifide, menaçante.

J'eus un frisson d'horreur.

Pouvais-je fuir ?

D'un bond, je fus en arrière.

Mais le monstre était déjà debout. Sa tête aplatie n'était pas à un mètre de moi, me fixant de ses yeux d'aigue-marine.

Déjà il rampait sur l'écorce rugueuse. Je sautai de côté, de façon à mettre entre l'ophidien et moi une des plus grosses branches, et pendant que le reptile s'y enroulait en sifflant, rapide comme l'éclair, je saisis un des plus gros gourdins de mes bardeaux et m'avançai sur l'animal.

D'un coup formidable, je l'atteignis sur le plat de la tête ; le monstre ouvrit une gueule démesurée, montrant ses doubles crocs meurtriers ; d'un second coup, de revers, cette fois, j'eus le bonheur de l'atteindre à la partie la plus ténue du cou et la tête se couvrit d'un flot d'écume rouge. Le serpent essaya de se dérouler et d'avancer vers moi, mais les deux coups avaient été si rudes qu'il laissa pendre sa tête le long de la branche en soufflant.

Comme bien l'on pense, je n'attendis pas qu'il pût reprendre haleine ; je saisis mon fardeau, sans lequel je n'aurais pu rentrer, et pris la fuite à travers les taillis.

Deux heures après j'arrivais aux Carbets plus mort que vif, chaque pied ne formant qu'une plaie...

Une fois la tâche finie, le transporté reste libre.

Libre jusqu'au lendemain matin, il jouit de certaines prérogatives ; il peut, s'il le veut, se construire une petite cabane, cultiver un petit jardin.

Presque tous construisent des trappes, afin d'augmenter leur pitance par quelques pièces de gibier, car la faim les tenaille. Les lourdes tâches qu'on leur impose n'étant pas compensées par une bonne nourriture, ils sont menacés doublement par l'anémie et par la fièvre. Ils luttent donc avec la nature pour pouvoir se procurer les aliments nécessaires.

Les trappes qu'ils dressent ainsi aux bêtes consistent en un barrage fait au bord d'un des nombreux ruisseaux où les animaux viennent se désaltérer avant et après le coucher du soleil.

Ce barrage est coupé en certains endroits d'un passage très étroit au-dessus duquel est suspendue une énorme pièce de bois, mise en mouvement par un mécanisme fait avec des lianes.

L'animal venant boire trouve la route barrée ; il voit une issue ouverte, il s'y engage, mais le plus léger mouvement fait jouer la bascule et la pièce de bois tombe sur lui et l'assomme. La panthère, les serpents, le jaguar, les oiseaux même se laissent prendre dans les trappes. Il n'est [pas rare de relever de superbes chèvres sauvages et des élaphiens de toutes les espèces qui habitent les grandes lisières. Lorsque c'est un fauve qui est ainsi pris et qu'il n'est pas assommé tout de suite, ses rugissements mettent les forçats en éveil, ils accourent en troupe pour l'achever.

Il me reste, après avoir énuméré tous les travaux des condamnés au *Grand-Chantier*, à parler du halage.

Le halage est une besogne qui replace en peu de temps l'homme au niveau de la brute.

Il a lieu ordinairement le samedi, à moins que les chalands n'arrivent un autre jour, ou qu'un ordre ne soit venu demandant avec urgence des pièces de bois.

Un homme très robuste ne pourrait résister un mois à ce travail.

On se souvient (je l'ai dit plus haut) qu'un certain nombre de transportés sont occupés à équarrir des arbres. Ces végétaux d'essences différentes, thuyas, ébènes, palissandres, se trouvent dans les profondeurs des bois.

Au point du jour tous les transportés se dirigent, sous l'œil des surveillants, vers ces parties de la forêt.

A la première pièce de bois et au sommet, une forte cheville est enfoncée, à laquelle est attachée une solide corde d'une longueur de douze à quinze mètres environ.

8.

Chaque transporté porte en écharpe une bricole qu'il attache lui-même à la pièce de bois.

Généralement, les Arabes dirigent la marche ; les Européens, derrière eux, éprouvent une difficulté presque invincible — mais qu'il faut vaincre.

Le surveillant commande :

— Allez ! Oh !... Hisse !...

Il s'agit de faire déraper la pièce. On commence le « tirage ».

— Allez ! Oh !... Hisse !...

Un râle s'échappe, timide et douloureux, des poitrines oppressées. Les physionomies trahissent la souffrance. Et l'on prétend que la torture est abolie !

— Allez ! Oh !... Hisse !...

On s'accroche à une branche, on enlace un tronc d'arbre. On s'efforce. On s'éreinte.

— Allez ! Oh !... Hisse !...

Les surveillants alternent les commandements avec les coups de bâton. L'attelage, ruisselant de sueur, a raison de l'impossible par la magie des ordres et des horions...

Bref, la pièce a cédé. Il faut, maintenant, la monter sur la colline... Cela sera plus dur encore. Cela sera réalisé...

On ne fait pas d'omelettes sans casser d'œufs. Il survient des incidents, parfois, des incidents au souvenir desquels je me retrouve frissonnant de colère et de haine...

Après la montée rude, c'est la descente périlleuse. Et tant pis pour ceux que la pièce géante, dans sa

course de cyclone, trouvera sur son chemin ! Forçat
fatigué qui ne lui ferais pas place à temps, tu n'auras rien à dire si le boulet rampant t'enlève un
membre... Peut-être dira-t-on que tu l'as fait
exprès, paresseux !...

La pièce de plusieurs milliers de kilos ne fait pas
qu'estropier : elle tue. Elle sépare un corps humain
en deux comme elle écrase un arbuste sur sa route,
comme elle suspend le vol d'un oiseau.

Et s'il y a mort d'homme, les funérailles ne traînent pas en longueur : un trou dans la terre — et
bonsoir!

Le halage continue. La sueur ruisselle sur les
fronts et nous voici au bas du dernier monticule. La
pièce s'est engagée dans un petit cours d'eau qui
roule ses eaux en chantant sous les énormes buissons. L'onde est glaciale ; depuis qu'elle est sortie
de la terre, elle a coulé entre ces collines, hérissées
de bois gigantesques ; depuis des années et des
années, jamais le soleil n'a pu percer ces feuillages.

Le torse fumant de sueur, il faut y entrer à mi-
corps ; la réaction est terrible ; plus d'un y reste.

Cependant le surveillant a donné l'ordre :

— En avant !

Les bricoles sont amarrées de nouveau et, après
plusieurs scènes du genre de celles que j'ai racontées, la pièce de bois arrive enfin au dégrad.

La tâche du jour est de dix heures. C'est-à-dire
que depuis quatre heures du matin jusqu'à six

heures du soir, le travail n'a pas cessé, et les forçats n'ont pris aucune nourriture.

A six heures, les transportés, épuisés, ne se rendent plus, mais se traînent jusqu'au camp, où n'ayant pas même la force de manger, ils s'étendent dans leur hamac jusqu'au lendemain.

De telles souffrances me poussèrent à bout. Je sentais que la mort me guettait.

Je savais aussi que de l'argent demandé à ma famille, pour aider à la réalisation de mes projets d'évasion, devait bientôt m'arriver par différents stratagèmes que je décrirai.

D'un autre côté, la vie n'était plus tenable au chantier ; le commandant M..., dont j'avais déjà éprouvé les cruautés à mon égard, était venu du Kourou pour diriger le service au Nouveau-Chantier. Cet homme me portait une haine féroce dont je n'ai jamais connu le motif.

Le peu de liberté que je pouvais avoir dans le travail de la chiourme, je le consacrais aux fers, grâce à lui et sous les prétextes les plus futiles. Ces engins me serraient si fort que plusieurs fois ils m'entrèrent dans les chairs. Lorsque je voulais reprendre mon travail, les blessures de mes pieds et de mes chevilles se rouvraient.

C'en était trop.

XIX

MA PREMIÈRE ÉVASION

Dans la matinée du 13 avril, un détenu que je regardais d'assez bon œil, parce qu'il me paraissait un homme tranquille, Corse d'origine, ancien maire de son village, amené au bagne à la suite d'un meurtre commis dans l'excitation d'une période électorale, vint me trouver et me demanda si je voulais prendre part à ses projets d'évasion.

J'acquis plus tard la conviction que cet homme était un traître envoyé par son digne compatriote Cannavaggio.

Après avoir réfléchi sur ma situation, j'acceptai, mais en faisant des conditions.

— Je veux bien fuir avec toi, mais, arrivés à Saint-Laurent-du-Maroni, nous nous séparerons et chacun se dirigera du côté qui lui semblera le plus favorable.

Le pacte fut conclu.

Nous devions gagner le pénitencier à travers les grands bois, marchant dans la direction du soleil, comptant traverser la rivière, soit à la nage, soit sur un radeau improvisé. Nous n'avions pas de vivres, les bois devaient nous fournir une nourriture suffisante pour ce laps de temps.

J'avais quelque argent sur moi, que je cachais avec des ruses d'Emerillon et qui devait me servir à me procurer des effets et à gagner la côte hollandaise.

Je fis un petit paquet des objets qui m'étaient sacrés, toutes les lettres de ma famille et tous mes papiers. Il était fort possible que je mourusse dans les bois, je voulais le faire à côté des objets qu'avaient touchés mes parents.

A une heure de l'après-midi, au moment de la sieste, nous sortîmes de la case à pas de loup et après quelques détours pour donner le change, nous nous enfonçâmes dans le bois.

Mon compagnon emportait, lui, ses effets et son hamac plié.

A peine avions-nous fait cent mètres que deux surveillants, le revolver au poing, et le contremaître arabe, avec son fusil, nous couchaient en joue.

— Halte-là !

Ils étaient sortis brusquement d'un fourré et nous barraient le passage. Que faire?

Nous tombâmes à genoux, les bras en croix, car à la moindre parole nous étions criblés de balles.

— Où alliez-vous? nous demanda l'un des surveillants.

Nous ne répondîmes rien.

— En route ! Demi-tour, au camp ! Vous verrez ce que cela vous coûtera d'avoir voulu vous évader.

J'étais atterré.

En arrivant au camp, on nous fouilla minutieusement.

Quel supplice ! Allait-on retrouver les deux billets de banque que j'avais emportés ?

Ils étaient cachés dans ma correspondance. On ne les trouva pas.

Peu m'importait le reste.

Nous fûmes mis aux fers, les jambes croisées.

Ce genre de châtiment est abominable.

Le contremaître arabe, un des bourreaux les plus sanguinaires de la colonie, remplit ses fonctions avec une cruauté inouïe.

Il me pinça les chairs avec les maillons et me les appliqua exactement sur les plaies que j'avais aux jambes et qui avaient été produites par les derniers châtiments subis et par les piqûres d'épines de wara.

Protester ! Je n'y songeai même pas.

Mes yeux étaient mouillés de larmes. Je pleurais en silence. J'avais peur, peur de mes propres sanglots.

Quelques jours après, on m'annonça la punition de soixante jours de fers pour « tentative d'évasion aggravée par un commencement d'exécution ».

Je fus profondément surpris de voir mon compagnon de fuite sortir librement quelques jours après notre escapade.

Dès lors la vérité m'apparut sans voile : le misérable m'avait dupé.

Deux semaines après, Cannavaggio me graciait de ma peine. Je ne perçai pas ce mystère.

Avait-on simplement voulu me tendre un piège afin de motiver un supplément de rigueur à mon égard ? Ou bien cet homme avait-il compris que je n'étais pas un coquin ?

Je fus tenté de le croire en l'entendant me demander de jurer de ne plus tenter de fuir...

Le serment me coûtait cher au cœur ! L'évasion !... c'est le rêve du coupable, voué, cependant, tout le reste de sa vie, même après l'incertaine réussite, à l'exécration des honnêtes gens.

A plus forte raison est-ce le rêve de l'innocent.

Lorsque l'on a la conscience tranquille, lorsque l'on a rencontré sur son chemin, au lendemain d'une condamnation, dans le bagne, des créatures humaines qui vous ont réconforté, assuré que l'anathème n'était pas général, que la malédiction n'était pas unanime, que l'on avait encore le droit, tout en marchant dans la boue, de regarder l'azur du ciel ; lorsque l'on a là-bas, là-bas, très loin, des parents qui vous pleurent, une bouche de jeune fille qui vous sourit, des revanches qui vous attendent, comment, je vous le demande, comment ne songerait-on pas à l'évasion ? Comment ferait-on pour en écarter l'idée, même une minute ? Comment s'y prendre pour épouser telle autre idée capable d'obstiner l'instinct de la vie à la tentation d'en finir avec son supplice ?

ORJETS AYANT SERVI A L'ÉVASION DE CHARLES REDON

Je ne fis pas longtemps attendre ma réponse et, pourtant, je le confesse, mille pensées contradictoires assaillirent mon esprit en cette minute où j'avais à fixer mon interlocuteur... La mise en demeure était claire, le mot précis :

— Jurez !...

Un combat rapide et terrible se livrait en l'esprit de l'assassin présumé de Talabard... Et l'assassin présumé de Talabard, le condamné de Moulins, le forçat Redon, n'entendait pas faire un faux serment !...

Même au bagne, je n'engageais pas ma parole d'honneur comme une chose sans valeur ou de valeur relative, bonne à me mériter une sympathie.

Si je disais oui, cela serait oui.

Si je disais non, cela serait le gouffre, l'abîme insondable, la dernière ressource perdue, la planche de salut voguant à la dérive inaccessible, désormais.

On exigeait une promesse formelle : ne pas chercher à m'échapper du Grand-Chantier, où je resterais longtemps encore, sans doute, où j'allais, peut-être bientôt, trouver une sépulture..

On exigeait... *On*, c'était Cannavaggio, drapé dans ses fonctions, sacré par ses responsabilités.

Mentir, promettre et ne pas tenir mon engagement, c'était perdre ou tout au moins compromettre cet homme ; c'était abuser de sa confiance, de sa bonté, c'était une félonie, une trahison.

Je fis le serment...

Je jurai :

« Aussi longtemps que je serai au Grand-Chantier, sous votre surveillance, je prends l'engagement de ne pas chercher à m'évader. »

L'occasion m'eût été offerte une heure ou un an plus tard de quitter impunément l'odieux refuge où l'injustice des magistrats m'avait jeté que j'eusse dit « non », parce que j'avais promis, parce que j'avais juré, parce que je n'eusse voulu, pour rien au monde, associer à mon malheur celui qui avait ma parole.

Mais la détresse rend inventif. J'avais songé, avant de prendre une détermination : « Un hasard providentiel peut me dégager, me rendre libre vis-à-vis de cet homme, libre envers moi, tout à fait libre. »

Ce hasard providentiel, je ne l'attendais pas de la tendresse ou du caprice de l'administration. Elle oublie, au Grand-Chantier, les forçats qui y vivent et meurent.

J'aspirais à la maladie que j'avais, auparavant, si violemment combattue.

Être malade ! bien malade ! Subir la fièvre ! Partir de là pour l'hôpital !

Servir de pâture aux requins, chanceler sous la balle de revolver d'un garde-chiourme, non !

Mais tout, tout, tout, plutôt que l'angoisse incessante du moment ; tout plutôt qu'un lendemain pareil à aujourd'hui ; tout plutôt que le district où l'on rencontre ces effrayants ennemis de l'homme : les fauves, ou ces fauves : les hommes affectés à la surveillance des forçats.

Il me faudra partir de ce milieu de tyrannie, de sauvagerie, de pourriture. J'en partirai. Vienne la fièvre, au pis-aller !

Je forcerai, s'il le faut, la fièvre à venir ; j'aiderai le mal. L'hôpital, c'est, sinon la liberté au moins le passage qui peut y conduire avec de la persévérance et de l'adresse. J'essaierai d'être adroit, je serai persévérant.

J'ai juré. Je ne faillirai pas à mon serment. Toutefois, si une circonstance m'en délie, je suis prêt à agir.

Le temps s'écoule.

Un après-midi (1), le directeur K... me fait appeler vers trois heures...

— Vous avez, me dit-il, écrit une lettre dans laquelle vous vous plaigniez des brutalités que vous a fait subir le chef du Nouveau-Chantier ?

— Oui, monsieur le directeur. Je suis un innocent. Mais, même envers les coupables, certains actes sont injustifiés, impies... J'ai exprimé mes plaintes à ma famille après vous en avoir averti par lettre. J'ai écrit aux miens parce que je supposais en avoir le droit, parce que je considérais votre silence comme une approbation, presque...

— La lettre n'est point partie, reprit le directeur. Je l'ai gardée.

C'était vrai. Il sortit de sa poche le pli daté du 4 avril, le pli détourné depuis cinquante jours.

(1) Le fait se passe le 24 mai 1890.

Le directeur K... ajouta :

— Je vais faire parvenir la correspondance, par une personne intermédiaire, avec une annotation de ma main.

Plus écœuré que furieux, je répliquai :

— Feriez-vous cela, monsieur ? Vous pourriez, d'un cœur léger, augmenter les souffrances de mes parents ?... Depuis cinq ans, ils pleurent leur enfant iniquement frappé ; ils entrevoient le jour où ils me serreront dans leurs bras... Monsieur le directeur, vous ne ferez pas une mauvaise action.

Le directeur ronchonna :

— Vous n'êtes qu'un scélérat, un profond scélérat, un homme des plus dangereux... Sortez !...

Et il ordonna au commandant :

— Qu'il reste au chantier — ou qu'il crève ! A la première riposte, brûlez-lui la gueule !

Je marchais lentement, accablé par ma peine.

Le directeur recommença :

— Sortez ! Misérable.

Je n'y pouvais plus tenir. C'était vraiment trop de cynisme ou trop de cruauté. Un réveil des nerfs m'approvisionnait d'une espèce d'énergie. Je dévisageai mon supérieur, et, en gagnant la porte, je lui dis sur un ton auquel il ne trouva rien à répondre, admettant sûrement, en son for intérieur, la sincérité de mes paroles, la franchise de mon accent :

— Veuillez savoir, monsieur le directeur, que je ne serai jamais le 22,482, mais que je reste toujours Charles Redon ; que je peux lever la tête haute et que je suis ici un martyr dont l'innocence éclatera plus tard. J'ai pu avoir une jeunesse folle, déréglée, jamais je n'ai fait de tort à personne. Il est besoin d'autres natures que la mienne, monsieur, pour descendre au crime.

Voyant qu'il ne répondait rien, je sortis en saluant les deux hommes.

J'étais comme un homme ivre, j'étouffais. On allait encore resserrer la chaîne étroite qui liait pour toujours ma liberté odieusement ravie.

Cela ne ressemblait à rien, et j'étais heureux de l'avoir dit. Par ces paroles incohérentes, je reprenais ma personnalité, dans l'infime mesure permise. Je me dressais, une fois encore, contre l'accusation, contre la fatalité...

Le directeur ne dit pas un mot, ne fit pas un geste... Ce silence et cette immobilité avaient une signification qui ne m'échappa pas... Il faudrait, bientôt, longtemps, expier la folie de ma protestation.

Quel être ou quelle chose au monde se porterait à mon secours ?

La nature me sauva. La fièvre qui ne m'avait quitté que temporairement revint de plus belle me tourmenter.

Je résolus de cesser de travailler, devant témoins, car le faire isolément c'était une balle dans la tête.

Le surveillant me mit aux fers, avec un verre d'eau et un morceau de pain. J'y restai trois jours.

Le quatrième, je sentais que j'allais mourir, lorsque les chalands arrivèrent. On dévissa ma chaîne.

— Vous allez être transporté à Saint-Laurent-du-Maroni. Si vous n'êtes pas reconnu, c'est le conseil de guerre, m'annonça celui qui venait me chercher.

Je n'eus pas la force de répondre, et nous partîmes emportés sur le fleuve.

XX

HEUREUSES RENCONTRES

Le destin ne m'avait pas à jamais excommunié. J'en eus une preuve nouvelle. Cahoté par le malheur, je trouvais, sur mon chemin, des minutes consolantes, qui m'encourageaient à la vie.

Le surveillant qui conduisait notre barque sur le fleuve nous mit en grand danger au cours de la route, à cause de son inexpérience.

En sortant de la crique, le flux de la mer, qui se fait sentir violemment en cet endroit du Maroni, prend notre embarcation par le travers. Nous sommes sur le point de chavirer.

Presque de force, je m'empare du gouvernail. Je ne l'ai pas prié de me laisser faire, je l'ai presque soumis, n'ayant pas de temps à perdre en discours. Pris de peur, honteux de son incapacité, il a cédé la place. Et, d'un mouvement rapide, je mets la baleinière debout à la lame. Nous n'avons maintenant plus rien à craindre... Nous entrons dans le fleuve sans de trop rudes secousses. Et je laisse au surveillant, non mécontent de moi, le soin de nous piloter. Je suis d'ailleurs à bout de forces.

En passant à une dizaine de mètres de la rive, un caïman de dimensions respectables s'élance vers la barque, le museau hors de l'eau, l'air plein d'appétit.

Le surveillant décharge à deux, trois reprises, son revolver sans l'atteindre. Une quatrième balle est-elle dirigée plus heureusement? Je sais que l'animal glisse entre deux eaux, effrayé ou blessé. Nous ne le voyons bientôt plus.

Et l'on arrive à Saint-Laurent.

Je suis en vilaine posture. On me jette en cellule... Refus de travail, c'est la prévention de conseil de guerre. Et le conseil de guerre, à Cayenne, ce n'est pas le conseil de guerre français ! On n'a pas le temps de s'y défendre.

Pour échapper au tribunal impitoyable, il faut que ma maladie soit reconnue par le médecin...

Visite au camp, le lendemain, visite par le bon Dr Mathey, qui me tire des griffes de mes bourreaux éventuels.

Je suis admis d'urgence à l'hôpital sous le diagnostic : « État fiévreux, gastralgie, anémie profonde ».

Et je connais une nouvelle joie. On me replace dans la salle Saint-Pierre, où je retrouve les religieuses dévouées qui me prodiguèrent tant de soins, la sœur Adiodate et la sœur Sainte-Claire.

— Eh bien, mon pauvre Redon ! me dit cette dernière. Vous nous revenez, la santé altérée encore.

— J'ai vu, ma sœur, le moment où je ne reviendrais pas.

— Nous vous soignerons de notre mieux. Il ne faut pas désespérer. Il faut croire en Dieu. Il faut endurer courageusement toutes les épreuves de la terre en pensant aux récompenses célestes, pleines de félicités pour quiconque a souffert sans renier sa foi...

Je me sens presque guéri déjà.

La bonne, la divine créature me conduit à mon lit et me dit :

— Vous serez à côté d'un être qui a bien souffert aussi et que nous sommes parvenues à guérir. Il dort d'un sommeil paisible et l'a bien mérité.

Je regarde. Je pousse un cri :

— Loa-Tsu !

C'est mon pauvre Chinois qui est étendu là, assoupi, l'*Anguille*, comme disaient mes compagnons, le martyr que l'on voulait écorcher vif et que j'ai peut-être aidé à ne pas mourir...

A mon exclamation, Loa-Tsu se dresse.

Le Chinois se frotte les yeux, me regarde et pousse à son tour un cri :

— Mossi Redô !

— Mais oui, c'est moi, mon brave.

Je le vois tout heureux, ses yeux brillent, ses lèvres essaient de sourire. Je m'efforce de me ressouvenir de quelques mots d'anglais pour me faire comprendre. Et quelle n'est pas ma stupéfaction lorsqu'il s'exprime d'une façon presque compréhensible en un français baroque. Il a retenu les leçons du tirailleur tonkinois, son maître :

— Ah ! si content ! si content ! Revoir mossi Redô ! Pas oblié ! pas oblié di tout...

Et il porte la main sur son cœur dans un geste d'attendrissement touchant et comique.

— Comment ! voilà que tu parles français, maintenant ?

Il me conta ses aventures : l'abandon dont il fut l'objet aux îles, puis le voyage à Sinnamarie, couché dans un sac de toile ; l'arrivée de Jean le Trappeur ; son passage au service du brave homme, son engagement comme domestique, les leçons du tirailleur, ses courses en ville chez les fonctionnaires, ses promenades, attelé au pousse-pousse, voiturant les dames, ses succès chirurgicaux contre l'invasion des « chiques » ; enfin, sa piqûre terrible dans la forêt, ses accès de fièvre et son admission forcée à l'hôpital de Saint-Laurent.

— Et maintenant, comment ça va-t-il.

— Oh ! maintenant pas mal di tout !... encore un peu de fièvre... mais sorti bientôt... maîtresse beaucoup besoin de moi.

A mon tour je lui narre, du mieux que je le peux, toutes mes infortunes.

Le pauvre enfant pleure.

Et nous passons ainsi plusieurs jours à remâcher nos histoires d'exil, et, bien souvent, les deux bonnes sœurs sont obligées de venir nous gronder et nous imposer silence, car les feux sont déjà éteints et les infirmiers couchés que nous bavardons encore.

*
* *

Quelques jours après, je pus prendre connaissance des divers courriers de France qui m'étaient arrivés.

Je crois avoir dit que, chaque mois, régulièrement, je recevais des lettres de ma pauvre famille. Ces lettres bénies, que je garde pieusement, étaient écrites en des termes qui eussent pu ne paraître que tendres à un cœur inexpérimenté, car mes parents savaient que les missives étaient toujours décachetées, lues, relues, compulsées et pesées avant d'être remises au forçat destinataire... Mais je lisais entre les lignes : je lisais toute la bonté des miens.

De même, dans mes réponses, j'étais tenu à de prudentes réserves.

Lamentable, ce langage tacite de la douleur, dissimulé de force sous la banalité des mots !

Le forçat n'a pas le droit de s'épancher !

Lors de mon premier séjour à Saint-Laurent, j'avais vu à l'hôpital un soldat d'infanterie de marine qui connaissait ma famille. J'étais sûr de son dévouement et de sa discrétion. Il devait rentrer dans ses foyers incessamment, c'est-à-dire dans trois mois, et, comme il habitait non loin de Périgueux, je le priai de pousser jusqu'à Moulins et de remettre une lettre à mes parents.

Dans cette épître, je peignais ma situation avec ses couleurs véritables. Je déclarais que la vie serait à peine tolérable pour un coupable et que je voulais fuir à tout prix, qu'il ne me fallait pour cela que beaucoup de prudence et de détermination et un peu d'argent... J'indiquais un moyen pour me le faire parvenir...

L'envoi ne s'était pas fait attendre : le 16 mars, je reçus un paquet d'effets : une chemise de flanelle, deux paires de chaussettes, un calepin, une brosse à tête.

Le calepin et la brosse contenaient chacun deux cents francs en billets et un peu d'or.

Le manche de la brosse à tête avait été évidé, les deux billets de cent francs roulés y avaient été introduits, le couvercle replacé et verni.

Ce maquillage était si habile qu'aucun limier n'aurait pu soupçonner que ce simple objet de toilette contenait une vraie fortune pour moi.

Ma joie fut immense, je me voyais déjà dans la forêt vierge !

J'étais en train de sonder un peu mon brave Chinois sur les connaissances qu'il avait en ville et qui pourraient m'aider, lorsqu'on vint m'annoncer que le Dr Mathey, en voyage depuis deux jours, avait été remplacé par un médecin suppléant qui — trouvant naturellement que c'était assez de séjour à l'hôpital pour moi — venait de signer mon *exeat*.

Le coup fut aussi douloureux qu'on peut l'imaginer.

Je fis mon paquet, j'embrassai l'Anguille et je me disposai à sortir.

— Pas peur! dit le Chinois, pas oblié toi! Sauvé moi su bateau. Moi ti ferai parti...

Et comme je hochais la tête :

— Oui, oui, reprit-il, obstiné, moi, moi ti ferai parti, dis rien seulement!

— Mais où te retrouverai-je ?...

— Moi sorti demain aussi... Irai Grand-Chantier.

Je l'embrassai encore avec effusion et je m'éloignai.

Le Dr Mathey venait de rentrer de Cayenne.

— Comment! dit-il, Redon est sorti. Où est-il?

On lui répondit que je venais à peine de partir.

— Qu'on aille me le chercher immédiatement. Cet homme n'est pas guéri.

Je venais de franchir le seuil de l'hôpital. Un infirmier arriva essoufflé.

— Redon, Redon! Le Dr Mathey est de retour. Remontez vite.

Mon cœur bondissait d'allégresse.

Je baisai les mains de mon sauveur et, un quart d'heure après, j'étais de nouveau dans la salle Saint-Pierre à côté de mon ami Loa-Tsu.

— Ainsi donc, lui dis-je, tu crois pouvoir me faire évader ?

L'Anguille ne répondit rien, il regardait l'horloge de la salle, puis après avoir réfléchi cinq minutes, tandis que, anxieux, halctant, j'attendais, il fit, à voix basse :

— Doumain, moi sorti à les huit ! partirai avec libérés. Viennent chercher moi pour Sinnamarie. Doumain soir, quelqu'un vient ici ti demander.

Ce fut tout ce que je pus tirer de lui. En vain, réclamai-je des explications plus précises ; l'entêté fils du Ciel demeura muet. Le lendemain matin, en m'embrassant et me disant adieu, il ajouta :

— Ce soir quelqu'un demander toi.

Ti fera parti... sûr... ti a sauvé moi su le bateau, pas oblié, oh ! pas oblié.

Et avec la résignation calme qu'il apportait à toute chose, il s'approcha de l'escalier, grimaça un sourire à travers les larmes qui coulaient sur sa peau jaune et descendit, la tête basse, tâtonnant pour chercher du pied les marches, que ses yeux brouillés de pleurs ne voyaient presque pas.

Quand je fus seul, je me jetai sur mon lit et me mis à songer. Certes, j'avais confiance en mon pauvre petit Loa-Tsu, je savais qu'il ne me trahirait pas. Mais je doutais de ses moyens... Que pouvait faire le paria pour le damné?...

L'expérience me démontra que je me trompais.

Le soir arriva, la journée m'avait paru un siècle...

Un infirmier vint m'annoncer, vers sept heures, qu'un colon voulait me parler.

— Sauvé ! pensai-je aussitôt.

Je sautai sur le palier de la salle et rencontrai l'individu dans l'escalier.

— Redon ? interrogea-t-il, simplement.

— C'est moi.

Sous la lampe qui éclairait le corridor, je l'examinai à la dérobée.

C'était un homme de taille moyenne, entre deux âges, le regard énergique et doux à la fois, le teint basané, sous un large chapeau de jonc, le type parfait du planteur français dans ces régions de l'Équateur.

— Allons au jardin, dit-il, nous devons n'être entendus de personne.

Nous nous engageâmes dans une allée. Il s'arrêta et me pria de lui conter rapidement mon histoire.

— C'est bien cela, dit-il.

Puis, après une minute de pause :

— Loa-Tsu, que vous avez courageusement sauvé, est employé chez un de mes bons amis, le trappeur Jean. Quant à moi, voici mon nom.

Il me tendit une carte et, la remettant dans sa poche :

— Vous allez jurer, sur tout ce que vous avez de sacré, que jamais il ne sortira de vos lèvres :

— Je le jure sur ma famille !

Les lecteurs de ces mémoires ne connaîtront pas le nom de cet homme. Personne ne le saura jamais tant qu'il ne l'aura pas révélé lui-même, ou qu'il ne m'aura pas délié de mon serment. Si mon père était encore vivant, je lui demanderais de bénir cet homme, mais je ne le lui nommerais pas !...

J'ai rencontré, dans mes tragiques aventures,

quelques nobles natures, quelques vaillants esprits...
Si je devais trahir le secret que j'ai promis pour
obtenir ma réhabilitation définitive, je ne serais jamais réhabilité... Je ne faillirai pas à ma parole, même
pour reconquérir complètement l'honneur, mon seul
idéal et mon seul espoir, avec mon enfant...

Les noms que je dois taire, je les emporterai dans
le tombeau.

L'inconnu — celui qui doit rester inconnu — reprit :

— Je viendrai avec un libéré, un gas qui n'a pas
froid aux yeux, je vous assure. Enfant du quartier
Montparnasse, à Paris, il vit depuis longtemps ici.
Vous n'avez pas besoin d'en savoir davantage sur son
compte. J'entends que lui non plus ne soit à aucun
moment compromis dans le coup d'audace auquel
je veux bien vous aider, mais qui peut parfaitement
mal tourner.

Il s'appellera la *Pince* pour la circonstance. Et la
« Pince » sera votre mot d'ordre. Vous m'avez compris et vous m'avez juré. Au revoir ! Attendez-nous
demain !

Le lendemain, effectivement, un avertissement
conventionnel m'invita à me rendre à l'endroit de
l'hôpital fixé dans l'entretien de la veille.

Et l'inconnu me présenta son auxiliaire, puis disparut.

Quelle détestable apparence avait mon nouveau
« sauveur » ! Son langage n'était pas fait pour m'ins-
pirer confiance. Il me demanda, sur un ton brusque :

— Comment qu'tu t'appelles ?

— Charles Redon.

— Tu veux t'la tirer ?

— Oui. Au plus vite.

— Comment qu'tu veux t'y prendre et quoiqu'tu veux f…?

— Je veux simplement que tu me passes de l'autre côté du fleuve. Là, tu me laisseras. Je me débrouillerai.

— C'est tout ! C'est si peu qu'ça ?

— Pas plus.

— Eh bien, cent balles, pas moins !

— Convenu. Cinquante francs au départ et cinquante au débarquement.

— Gî ! Quand ?

— Cette nuit même.

— Impossible. Après-demain matin, à quatre plombes. Et pas d'boniments !

— Entendu.

Il sortit un couteau énorme, fit le geste de me menacer. J'eus un frisson. Il se retira.

Des pas semblaient approcher.

Je fis mine de ramasser des fleurs dans l'herbe que mes pieds foulaient.

Bien m'en prit. Deux hommes passaient, deux individus avec lesquels j'avais nourri différents projets du même genre, rompus à cause de leur naturel cruel et lâche et de l'orgueil odieux qu'ils mettaient à parler de leurs crimes passés comme un brave parle de ses batailles.

Ces deux individus me « pistaient » depuis quelques jours.

L'un d'eux m'avait déjà dit :

— Tu veux pas t'la tirer avec nous ? Tâche de ne pas essayer de filer seul, ou gare dessous !

Il n'eût pas fait bon pour moi, s'ils eussent eu vent de mon rendez-vous...

Je repris le chemin de ma chambre, la nouvelle que j'occupais, le n° 21 de la salle Saint-Joseph.

Je m'étendis sur mon lit et me pris à méditer.

Un surveillant, passant près de moi, me braqua sa lanterne sur la figure et grommela :

— Pas encore couché, vous ?

Et comme j'allais répondre :

— Il me semble que vous circulez beaucoup depuis quelque temps ; faudra que je demande votre *exeat* au docteur.

L'*exeat*, c'était la mort pour moi, c'était le Nouveau-Chantier !

Il devenait donc d'une extrême urgence que je signasse moi-même cet *exeat* spécial qui était la clé des champs.

Le 4 juin 1890, au matin, je vis de nouveau le signe conventionnel. L'individu m'attendait à la même place que la veille.

M'entourant de mille précautions, et avec des ruses d'Apache, je sortis de la salle.

L'homme était là.

— Eh bien, c'est en règle pour demain à quatre heures. Tâche de pas flancher !

Il repartit comme il était venu, me procurant plus d'effroi encore que la première fois. Cependant, comme je préférais la mort à cette vie, je m'abandonnai à la grâce de Dieu et décidai irrévocablement de tenter le sort.

Pour sortir de la salle, le lendemain matin, d'aussi bonne heure, il me fallait à tout prix un prétexte plausible.

Je me mis à chercher, détruisant à tout instant un projet pour en bâtir un autre qui ne valait pas mieux. Je me mis ainsi le cerveau à la torture.

Enfin, après quelques heures de réflexion torturante, je m'arrêtai à cette idée que je trouvais la plus simple : la liberté vaut bien une messe.

Ce soir, me dis-je, j'irai à confesse, et, demain matin, je descendrai à la première messe, pour communier. De cette façon, je pourrai circuler sans que mes mouvements paraissent insolites.

Effectivement, à trois heures de l'après-midi, je m'en fus voir le Père à la chapelle et me confessai en lui demandant de communier le lendemain matin. Il m'en donna l'autorisation.

En revenant de la chapelle, je me confectionnai une boussole à divisions marines afin de me diriger dans les bois.

Ah ! les fabricants d'instruments de précision ne se douteraient guère de la chose curieuse que j'inventai.

J'avais une aiguille aimantée dans mon calepin. Je pris une feuille de papier (de l'administration s'il vous plaît) ; j'ajoutai au crayon un cercle parfait d'environ trente centimètres de diamètre, je traçai des rayons et, au point de tangence avec la circonférence, j'inscrivis mes divisions et mes notes, orientant ma direction avec un fil de ma chemise.

Puis, au centre du cercle, je pratiquai une petite ouverture pour laisser passer et maintenir mon aiguille.

Je repliai le tout soigneusement et le mis dans mon calepin.

Dans la nuit, lors de la dernière ronde de la sœur, je demandai une chemise propre. On me l'apporta.

Je fis un mince paquet des lettres de ma famille, de quelques fioles et de quelques bandages, et, avec mille précautions, je déposai le tout dans un endroit où je pouvais le reprendre sans éveiller de soupçons.

Quand je revins à la chambre, on me remit une solide paire de souliers que j'avais achetée la veille à un commerçant du village, en prenant pour prétexte mon *exeat* prochain.

Et j'attendis.

Quelle nuit !

Je ne sais pas ce que souffre le condamné à mort à qui l'on a annoncé que son pourvoi est rejeté et qui voit, dans l'obscurité de sa cellule, des silhouettes de guillotine. Je m'imagine que ce qu'il endure est atroce, que le regret de quitter la vie le tourmente et que la vision du bourreau le noie de sueurs glacées.

Mais je ne crois pas que l'on puisse subir plus d'angoisses, plus d'impatiences fébriles, plus de transes mortelles que j'en connus à cette étape de mon martyre.

XXI

L'ÉVASION

Je m'étais couché tout habillé. Je me mordais les lèvres au sang. Je me pinçais les mains, les jambes, pour ne pas dormir. J'avais envie de crier et il fallait donner l'illusion du sommeil...

Je regardais défiler mille fantômes.

C'était, après le mur de l'hôpital, la balle d'un surveillant, caché dans un bouquet d'arbres, qui m'étendait sur le sol, dans le sang... C'était l'agonie lente et douloureuse dans les forêts, où la faim et la soif m'avaient dit : « Tu n'iras pas plus loin ! » C'était un tigre qui bondissait sur moi et me déchiquetait de ses crocs et de ses griffes...

Quand j'avais un instant raison de mon cauchemar, comme je me félicitais de n'avoir point averti ma famille... Quelles inquiétudes cruelles n'aurait-elle pas éprouvées ?...

Libre, sur une terre libre, je leur écrirai : « C'est fait ! »

Leur écrirai-je jamais ?

Lorsque l'horloge, bénie cette fois, sonna trois quarts après trois heures, je me levai et fis le simulacre de me vêtir dans les ténèbres. Puis, je descendis dans la cour. Il y avait beaucoup de lune et j'en éprouvai un grand souci. La clarté pouvait me dénoncer à chaque pas.

Je remontai encore à la chambre. J'y endossai la capote bleu foncé et je me dirigeai vers l'endroit convenu. J'attendis quelques minutes. Rien. J'allai faire acte de présence près de mon lit et je m'en revins un quart d'heure après. Rien. Je remontai...

La cloche de la chapelle annonça la messe. La sœur approchait pour me réveiller.

C'était partie perdue ! pensai-je... mes projets s'évanouissaient. Je m'imaginai une trahison.

Je laissai un peu d'avance à mes compagnons fidèles à l'office et lorsqu'ils furent en marche vers la chapelle, je poussai une nouvelle reconnaissance, mon paquet à la main, vers le lieu du rendez-vous.

J'y désespérais depuis moins d'une minute quand l'individu arriva.

J'escaladai un arbuste grimpant. Je sautai le mur. On ne m'avait pas remarqué.

Je me mis en route avec l'homme.

— Tiens, me dit-il, prends ce chapeau, ce pantalon, cette vareuse et ce fusil.

— Merci, lui dis-je, sans me le faire répéter et

agité par un tremblement nerveux que je ne pouvais surmonter.

Je sentais un tel frisson me courir jusqu'aux os que je pouvais à peine marcher.

— Où me conduis-tu? lui demandai-je.

— Peu t'importe ! Aie confiance en moi, et sans avoir peur comme une chatte !

Voyant qu'à plusieurs reprises je retournais la tête, il proféra un blasphème et grogna :

— Ah ça! mais veux-tu marcher comme il faut; avec ta frousse, tu finiras par donner à voir le condé (le complot).

Au bout de quelques minutes, nous arrivâmes à l'entrée de la forêt qui touchait presque le village ; il avisa un bosquet moitié arbustes, moitié hautes herbes et très touffu.

— C'est là, dit-il, que je te conduis. Va te cacher là-dessous et sans bouger. Dans deux plombes, je suis là et je te conduis dans un coin plus sûr.

— Le plus vite possible, implorai-je, mort de peur.

En m'enfonçant à plat ventre dans les hautes herbes qui croissaient dans ce bouquet d'arbres, je pouvais être piqué par quelque reptile venimeux, car cette végétation était très voisine du fleuve.

J'y songeai à peine.

J'avais une grande provision de tabac et je me mis à fumer, faisant une cigarette que je rejetais après quelques bouffées pour en faire une autre.

Voyons maintenant ce qui s'était passé à l'hôpital.

J'avais calculé que ma fuite ne devait être connue

qu'à six heures e tdemie, sept heures au plus tard.

Avant que l'on ait avisé le gardien de l'hôpital et fait les premières recherches dans la maison, avant que le surveillant ait avisé le service intérieur pour que ce dernier en donne connaissance au comman-mandant qui devait ordonner la chasse extérieure, il fallait compter trois ou quatre heures.

J'avais de l'avance, car cinq heures n'avaient pas encore sonné..., mais d'autre part je ne marchais pas!

Quel tourment! Mes pieds, tout à l'heure inertes et comme entravés, brûlaient de fuir en avant... Fuir. où?... Devant moi, c'était le néant..., l'inconnu..., la mort certaine.

En me dressant, je voyais le pénitencier et la caserne à proximité...

Un tremblement me reprit, me secouant au point que je craignais d'agiter le feuillage qui me cachait.

Si j'étais pris, c'était la mort sans rémission, les surveillants me tueraient comme un fauve dans sa tanière.

Mon évasion ne pouvait être connue qu'à six heures et demie, car en ce moment la sœur servait le premier déjeuner, et un quart d'heure plus tard seulement on verrait que je n'y avais point touché. Les premiers soupçons perceraient ainsi. Car les évasions sont assez fréquentes...

Le soleil montait à l'horizon avec une rapidité qui me semblait extraordinaire.

Craignant que ce fourré ne fût trop peu épais, je

changeai de place et me fixai dans un autre qui l'avoisinait et qui faisait presque corps avec la lisière de la forêt.

En ayant soin d'écarter légèrement, avec un bâton, les hautes herbes, je finis par découvrir la route qui venait de la caserne et qui passait à dix pas de là... A peine venais-je de l'apercevoir que j'entendis parler... Rapidement, je rentrai dans ma cachette...

C'étaient M. T..., l'agent comptable de l'hôpital, et sa femme. Ils passèrent à peine à dix mètres de moi en s'entretenant avec chaleur, mais je ne pus comprendre ce qu'ils disaient, car M. T... était mulâtre et parlait en ce moment un dialecte spécial aux nègres importés en Guyane.

Une sueur froide et abondante perlait à mes tempes.

Quelques minutes plus tard, je vis deux bandes de surveillants, l'une de quatre, l'autre de cinq, s'avancer dans ma direction, l'étui-revolver débouclé et placé sur le ventre...

Plus de doute, ils étaient de « chasse ». Je ne respirais plus...

Arrivées à un coude que formait la route, les deux escouades se séparèrent. La première continua le même chemin et la seconde obliqua à gauche et suivit le bord de la rivière.

Je me blottis, resserrant les herbes autour de moi, et j'attendis...

Les quatre premiers passèrent à une quinzaine de mètres, en causant entre eux.

Les cinq derniers arrivèrent à l'entrée du fourré où je me trouvais et j'entendis quatre ou cinq aboiements de chiens. Je faillis m'évanouir.

Les animaux suivaient une fausse piste et longèrent la rive...

Les cinq surveillants passèrent l'un derrière l'autre, l'arme au poing, à cinq ou six pas de moi à peine !

De leurs yeux, ils scrutaient les buissons, mais regardaient toujours un peu devant eux.

Ils ne prononçaient pas une parole ; ils avaient l'oreille au guet.

Ils ne m'aperçurent point et continuèrent leur route, fouillant toujours.

Bientôt, je n'entendis plus leurs pas froissant les herbes ; alors seulement je repris ma respiration.

Il me semblait que c'était la première bouffée d'air qui entrait dans mes poumons et que je naissais à l'heure même...

Les périls, hélas ! ne faisaient que commencer.

Quelques instants après, un surveillant et dix condamnés vinrent cultiver la terre à quelques enjambées du fourré où je haletais...

Le danger était de nature différente, mais aussi fort redoutable.

Enfin les deux bandes de surveillants, fondues en une seule, repassèrent bredouilles.

Ils frôlèrent mon fourré en marchant de mauvaise humeur, ne se doutant pas que, d'un geste, ils pouvaient m'avoir à leur merci.

Mon émotion était indescriptible. Je distinguai pourtant l'un de ces hommes qui, élevant la voix, disait aux autres :

— Allons donc, il n'y a rien à chercher. A cette heure, il est bien loin. Vous comprenez bien que le gaillard a dû prendre des précautions en conséquence !

Ils passèrent beaucoup plus vite que la première fois, et je n'en entendis pas davantage.

Je ne pus m'empêcher de sourire aux mots du garde-chiourme.

Un peu plus tard, le soupçon de la trahison me revint encore à l'idée, je jugeais par la hauteur du soleil qu'il devait être près de neuf heures du matin, et depuis longtemps mon compagnon aurait dû venir me chercher ; il n'avait pas encore paru. Je désespérais.

Que faire ?

Je ne voyais qu'un seul moyen, et encore ne pouvait-il devenir réalisable que par le plus providentiel des hasards.

— S'il ne vient pas, me dis-je, j'attendrai midi, l'heure où tout le monde fait la sieste, je traverserai vers le quartier chinois et, là, peut-être trouverai-je un ami de Loa-Tsu ou quelque coolie qui me passera de l'autre côté du fleuve.

Toutefois, avant de partir, je résolus de regarder du côté du Maroni, pour voir si la pirogue de la Pince ne se dessinait pas à l'horizon.

Soudain, je me sentis perdu.

A quelques mètres de moi, dans l'éclaircie, se trouvait un surveillant, celui qui avait conduit les dix hommes de la culture ; il était en train de satisfaire un besoin naturel , son étui de revolver suspendu à une branche à côté de lui.

Je ne pouvais reculer, il m'avait vu.

Comment ne soupçonna-t-il point, à voir ma pâleur, mon attitude, que j'étais un gibier pour lui, une proie facile, une occasion d'avancement ?...

Le surveillant se rajusta, me considéra avec indifférence et me demanda, en passant tranquillement son étui-revolver en bandoulière :

— Qu'est-ce que vous faites donc par ici ?

Il fallait maîtriser mon émotion ou me livrer... J'affectai de l'assurance. Je crois que j'eus la force de paraître calme. Et je fis :

— Mauvais jour ! Je pêchais. Mais le poisson ne mord pas !

— Ça viendra ! me dit-il. Il ne faut pas se décourager !

Ne pas se décourager. Oh ! le conseil sublime en un pareil moment.

Le surveillant reprit :

— Avez-vous du feu ?

Je lui demandai de répéter la question.

— Oui, avez-vous du feu à votre cigarette ?

J'avais une cigarette. C'est vrai. Je n'y pensais plus.

— J'ai du feu... En voulez-vous ?

Je tendis ma cigarette. Il alluma sa pipe.

10.

Je me demande encore, si longtemps après, comment mon tremblement convulsif ne fut pas remarqué par le surveillant à qui je donnai du feu pour allumer sa pipe.

Ce surveillant me connaissait. Sa femme était restée à l'hôpital, en couches, quand j'étais l'infirmier du Dr Mathey. Je l'avais dix fois rencontré dans les salles.

Il boucla sa ceinture et partit en se dandinant.

Quand je le vis s'éloigner, je conçus une autre crainte :

« Il m'a reconnu, songeai-je, mais il n'a pas voulu m'attaquer seul, d'homme à homme. Il va prévenir ses camarades. Ils vont revenir en troupe ! »

Je n'y tins plus. Je m'emparai de mon paquet, j'y fixai mon tabac, j'ajustai le tout sur mon chapeau et j'entrai résolument dans l'eau au risque d'être happé par un caïman ou tout au moins mordu par un pirail.

J'étais résolu, au moindre bruit, à plonger et à me maintenir sous l'eau, couleur de vase, jusqu'à ce que les chercheurs d'hommes fussent partis. Tout à coup, j'entendis le bruit d'une pagaye, battant régulièrement les flancs d'une pirogue.

Il pouvait être un peu plus de dix heures, et je vis apparaître mon « sauveur », chantant dans son bateau, d'une voix indolente, et fouillant des yeux le fourré où je m'étais blotti devant lui.

Je sortis de l'eau à mi-corps afin de ne pas être aperçu de ceux qui travaillaient non loin de là, et, à la faveur d'une touffe de cannes à feu, je pus embarquer sans être vu.

La Pince me fit coucher au fond de l'embarcation, étendit sur moi une petite voile et se remit à ramer.

Il reprit sa marche en aval, sans s'éloigner du bord, sur lequel croissaient des touffes inextricables de palétuviers, commencement sans fin de ces forêts mystérieuses de l'Amérique méridionale.

**
*

A peine y avait-il une demi-heure que nous étions en marche que j'entendis le piston précipité d'une chaloupe à vapeur, marchant à toute vitesse sur nos traces.

Je voulus lever un peu la tête afin de voir et d'envisager ce nouveau péril, mais mon guide, par un juron comme on en entend seulement dans ces contrées, me fit bien vite rectifier la position.

Deux minutes après, la chaloupe nous joignait et passait au large à cinquante mètres de nous à bâbord.

— Ils viennent ? interrogeai-je... Ils vont nous tirer dessus ?

— Tais-toi ! me disait la Pince. Laisse ces mecs-là tranquilles et dors.

Au moment où la chaloupe était parallèle à nous, il me dit :

— Y a un mec qui nous lorgne avec ses gaffes

(lunettes), mais il peut allumer (regarder), y a rien pour lui là !

Il reprit, tandis que je retenais mon souffle :

— Y sont une tapée sur ce bateau. Il y en a au moins dix de la chiourme et un médecin major de la marine.

Sûrement ils devaient avoir l'ordre de se rendre au plus vite à l'embouchure du fleuve. Il ne pouvait pas en être autrement, car ce n'était point le jour où la chaloupe ravitaillait les Hattes, poste établi au bord de la mer pour surveiller l'embouchure du Maroni.

Ce danger, comme les précédents, passa à côté de moi sans me toucher.

— Si cela va toujours ainsi, pensai-je, j'aurai le bonheur de revoir ma pauvre famille.

Je n'étais encore qu'à moitié convaincu.

Au bout d'un certain temps, l'homme me dit que nous allions nous arrêter dans le bois pour nous y reposer ; qu'il connaissait parfaitement ces parages et que rarement les Peaux-Rouges y venaient.

— Nous allons boulotter, dit-il, en attendant la nuit pour te passer de l'autre bord.

Les Peaux-Rouges étaient maintenant le vrai danger, le plus immédiat pour moi.

Ils savent qu'ils ont dix francs chaque fois qu'ils ramènent un évadé : *mort* ou *vivant.*

Dix francs, pour eux, c'est une fortune ; elle représente de nombreuses bouteilles *d'eau de feu* avec laquelle les Européens achèvent de les abrutir.

Malheur au pauvre diable qui tombe entre leurs mains ! S'il se rend, ils l'attachent par les pieds et les mains, passent un bâton au milieu et l'emmènent comme un chevreuil.

S'il se sauve, il est certain d'être traversé par une flèche d'un mètre et demi, qui fait des blessures au curare, empoisonnée qu'elle est d'un venin dont on ne guérit pas.

Ces gaillards-là sont d'une habileté surprenante ; ils atteignent un oiseau au vol à des hauteurs invraisemblables.

Il me fallait donc ouvrir l'œil de tous côtés.

Nous débarquâmes de la pirogue.

La Pince me fit passer un énorme pain, quelques boîtes de conserves et trois ou quatre bouteilles de vin. Il s'assit au pied d'un épais bananier, coupa quelques feuilles d'un autre jet du même arbre et m'invita à partager le repas.

Il mangeait avec un appétit vorace. Pour moi, malgré mes efforts pour être maître de mes nerfs, rien ne put passer dans mon gosier.

Il replaça les reliefs de notre festin singulier dans la pirogue, et, comme il commençait à pleuvoir assez fort, en quelques coups de sabre il eut vite fait de couper des branchages de wara pour construire un léger carbet, à l'abri duquel nous fîmes un brin de conversation.

Nous parlâmes de la France et des évasions. Il me dit qu'il ne voulait point retourner en Europe, qu'il était beaucoup plus heureux depuis trente-deux ans qu'il était à la Guyane, qu'il préférait mille fois y rester. Il ajouta qu'avant d'être libéré il avait tenté six évasions et qu'aucune d'elles n'avait réussi.

C'était rassurant pour moi !

Tout en causant, je redoublais d'attention, et j'étais sans cesse aux aguets ; le moindre bruit de feuilles venant du rivage me faisait me dresser, car je savais bien que par l'intérieur des bois toute surprise était impossible.

J'entendis distinctement le bruit clapotant d'une pagaye dirigeant une pirogue dans le voisinage. J'en informai mon compagnon qui, immédiatement, alla la reconnaître. Quant à moi, je m'enfonçai dans le bois et me dissimulai sous un fourré. Bien m'en prit, car c'était une pirogue montée par trois Peaux-Rouges, qui venaient à la chasse avec leurs flèches.

Du taillis de bananiers où j'étais, je les reconnaissais à leur petite taille, à leur visage imberbe, aux tatouages qui couvraient leur chair de sanguine, aux paillettes qui ornaient leurs cheveux noués et la cote de leurs vêtements.

Mon compagnon savait très bien parler leur langue et ils se mirent à causer.

Que dirent les indigènes ? Je n'en sais rien. Toujours est-il que, quelques minutes après, ils partirent pour une autre destination.

Nous ne les rappelâmes pas !

Nous reprîmes notre cachette, fumant comme des enragés, et aucun incident ne vint nous troubler jusqu'à la nuit.

*
* *

On sait que dans les pays équatoriaux il n'y a pour ainsi dire ni aurore ni crépuscule et que le jour ainsi que la nuit viennent presque subitement.

Donc, vers les huit heures du soir, je priai mon compagnon de me passer sur la rive opposée.

Il jugea à propos d'attendre encore quelque peu.

Je lui réglai alors, comme c'était convenu, le prix du costume qu'il m'avait fourni le matin, ainsi que les vivres, plus les cinquante premiers francs du passage.

Cela fait, nous nous mîmes en route.

Je pagayais à l'avant et lui dirigeait à l'arrière, car le courant était très fort et la marée descendante menaçait de nous rejeter très loin de l'endroit où je voulais débarquer, c'est-à-dire aux environs d'Albina, village hollandais, situé en face de Saint-Laurent-du-Maroni.

Le fleuve peut bien avoir à cet endroit deux à trois kilomètres de largeur.

Enfin, après une traversée des plus pénibles, nous approchâmes du lieu tant désiré.

Je réglai ma dette. Mon « sauveur » me recommanda de ne pas bouger du point où il me débarquerait jusqu'à ce qu'il ait eu le temps de s'éloigner un peu.

Je le lui promis et je tins ma parole : il avait tenu la sienne.

Et, deux minutes après, je mis pied à terre sur un banc de sable, au bord d'une petite crique.

Il était dix heures et demie.

J'étais libre !

Libre, entendons-nous ; il me restait encore bien des épreuves à connaître, bien des chemins remplis d'écueils à parcourir pour parvenir à mon but, tout différent d'une liberté honteuse, d'une indépendance due à je ne sais quelles suspectes complicités, à je ne sais quelles inavouables tolérances.

Je continuerais ma route. Je ne pensais pas à m'arrêter, paresseusement. Je marcherais à l'avenir vengeur. J'y pouvais marcher. J'étais libre !

Quelle influence magique exerce ce mot de liberté sur un esprit tourmenté ! De quelle lumière bienfaisante il l'inonde et quels superbes espoirs il fait germer !

Cinq juin, jour inoubliable ! Je me suis levé forçat... Je ne le suis plus, ce soir...

Pourvu que mes illusions n'aillent pas s'écrouler tout à coup ! Je sais bien que je ne rêve pas, que je suis là, bien éveillé, sur le territoire néerlandais ; je me rappelle l'affirmation de camarades bien renseignés : « Le gouverneur hollandais ne te rendra pas à son voisin de la Guyane française. » Mon destin est entre les mains de ce fonctionnaire. Je suis sauvé si...

Non ! Même s'il m'est bienveillant, je ne suis pas sauvé encore... Les Peaux-Rouges surviennent, m'assura-t-on, en silence, à travers les feuillages, au moment où l'on s'y attend le moins. Ils ne font ni rouler une pierre, ni craquer une branche. Ils vous ligottent un forçat en quelques instants, le chargent sur leur barque, comme la Pince me chargea tout à l'heure, et le rendent au bagne pour un peu d'argent.

Des pensées accablantes m'assiégeaient, à présent, dans le fourré de cannes à feu où m'avait laissé mon guide.

Je jugeai qu'il était assez loin pour avancer. Et j'avançai.

Couché à plat ventre dans les hautes-herbes et rampant comme un serpent, m'aidant des coudes et des mains avec des précautions inouïes, je me glissai à travers la végétation épaisse qui couvrait cette partie de la rive.

Il y avait une demi-heure que j'avançais ainsi, lorsque, à travers une éclaircie de bananiers, j'aperçus le village d'Albina.

Je m'approchai avec prudence pour étudier la situation et projeter une entrée qui ne fût pas remarquée.

J'observai très attentivement et ne découvris rien... tout d'abord... ; c'était à peine si le vent agitait les ramures au-dessus de ma tête... Mais, en redoublant d'attention, il me sembla entendre des pas dans la direction de la lisière que formait en cet endroit le bois.

En effet, je distinguai, non loin de moi, une sentinelle hollandaise qui faisait les cent pas.

J'approchai, prudemment ; j'évitai la lumière tremblotante d'un fanal. Je pris à gauche. Je gagnai le village, pensant que les habitants devaient être endormis et en quête d'un coin pour y prendre le repos dont j'avais de plus en plus besoin. A l'entrée du bourg, une sorte de hangar à moitié enfoncé dans les hautes herbes semblait le refuge indiqué. Et, toujours à quatre pattes, rampant comme une bête qui craint le fouet, je parvins dans l'abri.

Et je dormis. Je dormis d'un sommeil que je n'avais jamais connu au bagne. Et je rêvai... Et, jusqu'à mon dernier jour, je me rappellerai mon rêve :

J'étais au milieu des miens, en France, estimé, consolé... Tous, par leurs embrassements, leur sympathie, leur respect, me dédommageaient des tortures injustement subies. J'étais marié avec une jeune femme adorable — et adorée... Nos enfants chantaient leurs chansons, autour de nous, comme des anges doivent chanter leurs cantiques autour du Tout-Puissant.

Toute la magie de l'imagination et toute l'invraisemblance des contes de fées se réalisaient dans mon songe exquis...

Mais je me réveillai !

XXII

ALBINA

Brisé de fatigue encore, j'ouvris les yeux, tout surpris de ne pas entendre des bruits de chaînes, la trompe des surveillants, et de ne pas respirer dans l'atmosphère du bagne...

Minute de joie au milieu d'un lent tourment! Le soleil accrochait ses rayons d'or aux resplendissantes floraisons de la forêt et jusqu'au chaume de wara de mon refuge.

La nature n'a jamais eu pour moi de tels sourires...

Mon exaltation ne tarda pas à s'apaiser. La logique, brutalement, s'impose.

Que vais-je faire? Où me diriger?

J'échafaude un projet.

Albina est un des plus gros villages de la Guyane hollandaise. Il doit y avoir là un gouverneur. Je suis à Albina. Je parlerai au gouverneur. Je lui con-

terai mon histoire, clairement, loyalement, et je
crois que cet homme aura pitié, refusera de commettre une action indigne en me rendant à la
chiourme qui doit japper à mes chausses.

Il est trop matin pour risquer la démarche à laquelle je suis résolu. J'attends, assis sur un tronc
d'arbre. Un noir coupe de l'herbe presque sous mes
pas. Je lui demande en mauvais anglais :

— Le gouverneur est-il ici? Pourrai-je lui parler?

— Oui.

— Et l'heure pour le voir?

— Un peu plus tard, c'est plus sûr!

— Est-ce là sa maison?

— Non! c'est là-bas. Vous la reconnaîtrez aux
deux canons et au mât du pavillon placés devant sa
porte. Mais, si vous voulez m'attendre, je vais porter
cette herbe et reviendrai dans un quart d'heure; je
pourrai vous conduire chez lui. Vous êtes Français?

Cette dernière question fut pour moi un coup de
foudre, et je sentis une vive rougeur me monter au
front lorsque je vis qu'il me fallait renier ma patrie.
Je n'avais pourtant pas le choix.

— Non, repartis-je vivement. Mais j'ai habité
longtemps la Martinique et je viens des bois chercher l'or (1). Mon canot a chaviré et j'ai gagné la
terre à la nage.

(1) Malgré le peu de résultat que donne cette occupation,
chercher l'or est resté depuis les temps les plus reculés le
travail des populations aborigènes et importées. Ce travail a
subsisté depuis l'occupation espagnole.

Je partis, car j'avais grand besoin d'être seul pour me remettre. Je me pris à réfléchir sérieusement sur ce que j'allais faire.

Qu'allais-je faire ? Qu'allait-on me répondre ? De quel œil serais-je regardé ?

Instinctivement, par la grande éclaircie qui s'ouvrait sur le rideau de verdure, je jetai un regard sombre vers Saint-Laurent-du-Maroni, que j'apercevais à peine, si loin et si près ! estompé, sur l'autre rive, à demi masqué par des bouquets de bananiers. C'était là cette Guyane où j'avais passé les deux années atroces de ma vie, où je m'étais abreuvé de toutes les lies, où j'avais enduré tous les supplices !

Puis je regardai devant moi, je fixai le sol nouveau que je foulais et j'eus un plaisir indicible, mêlé pourtant d'un sentiment d'inquiétude qui me paralysait presque.

Par un de ces retours que l'homme éprouve dans les moments de désespoir, alors qu'abandonné par ses semblables il n'espère qu'en le surnaturel et l'invisible, je tombai à genoux et, joignant les mains, je priai Dieu, mettant mon sort entre les mains de l'Être suprême, de toute puissance et de bonté...

Certes, ce n'était pas au bagne que j'avais pu entendre des prières, ni avoir eu l'occasion d'en prononcer. Couché sur ma tâche de bête de somme, j'en étais arrivé à ne plus même penser. Mais maintenant, sur ce sol étranger, et dans l'immense solitude où je me trouvais, je sentis mon cœur s'ouvrir

et en appeler à une protection supérieure. Je priai
Dieu de me défendre de nouveau, lui qui savait mes
souffrances imméritées, lui qui savait que j'étais
innocent ; je le suppliai, les larmes aux yeux, de me
rendre à ma famille bien-aimée, à mon pauvre père,
à ma pauvre mère, que le désastre avait conduits
à côté du tombeau.

Je me relevai plein de courage, plus fort.

Le noir vint me chercher et me conduire chez le
gouverneur.

En me présentant dans cette colonie étrangère, je
n'étais pas entièrement en pays inconnu. Albina ne
possédant pas d'hôpital, plusieurs soldats, gendarmes et quelques civils hollandais étaient souvent venus se faire soigner à Saint-Laurent-du-
Maroni. Là, j'avais eu l'occasion de les rencontrer.
Je m'étais attaché à les soigner avec la plus grande
attention, les entourant de prévenances et faisant
de mon mieux pour leur procurer ce qu'ils demandaient.

Je ne cacherai pas qu'en agissant ainsi, non seulement j'avais obéi à une loi d'humanité, mais j'avais
escompté de ces braves gens la réciprocité au cas où
il me serait donné un jour de leur demander asile.

J'étais allé jusqu'à initier deux ou trois de leurs
officiers à mon épouvantable aventure et à l'atroce
erreur dont j'étais victime.

Allaient-ils se souvenir du forçat infirmier qui
leur avait donné à boire dans leurs accès de fièvre
et avait de son mieux adouci leurs souffrances ? Me

le rendraient-ils en pansant mes blessures morales, autrement terribles que leurs maladies ?

Depuis le moment où j'ai été présenté au gouverneur d'Albina jusqu'au jour où j'ai dû quitter la Guyane hollandaise, les faits se sont présentés si nombreux et si variés dans ma vie aventureuse que j'ai cru bon de les présenter ici, avec leur date exacte, sous forme de journal, tels à peu près que je les crayonnai à partir de ce moment.

6 juin 1890. — Présentation. Accepté.

Le gouverneur se trouvait justement sur sa porte, donnant des ordres à deux noirs. Quelle ne fut pas ma surprise en reconnaissant en lui justement un des officiers que j'avais vus l'année précédente en traitement à Saint-Laurent !

En me voyant, il fronça le sourcil de façon significative et me dit en bon français :

— Comment vous trouvez-vous ici ? Qui vous en a donné l'ordre et comment avez-vous pénétré en territoire hollandais ?

Le ton sévère et décidé de ces interrogations fit disparaître en mon âme la dernière lueur d'espoir qui y était née depuis mon évasion.

C'est avec des larmes dans la voix que je lui répondis :

— Monsieur le gouverneur, je vous dirai bien franchement la vérité. Vous m'avez connu à l'hôpital de Saint-Laurent, où j'étais infirmier. Je suis Charles Redon et me suis évadé hier. Je suis victime de la plus épouvantable erreur judiciaire. Au nom de ma pauvre famille, je vous supplie de ne pas me rendre à la France.

Le désespoir me clouait les lèvres, je ne pus pas articuler une parole de plus.

Je tombai à genoux les mains jointes. Ma douleur en disait plus que les plus éloquentes des prières.

— Avez-vous des papiers prouvant votre identité ? interrogea-t-il sur le même ton. Et votre certificat de libération ? Sinon, je suis obligé d'appliquer la loi et de vous remettre entre les mains des autorités françaises.

Me relevant toujours en larmes, je lui répondis :

— Non, monsieur. Je vous ai dit que je m'étais évadé hier et, comme papiers, je n'ai que des lettres de ma pauvre famille, mon acte de naissance et une brochure détaillant les atrocités de ma condamnation.

Je tremblais de tous mes membres et me voyais perdu sans retour.

— Je vais me sauver dans les bois, repris-je, vos soldats se mettront à ma poursuite, ils me tireront dessus et j'aurai du moins la joie de mourir sur une terre libre. Je vous demande en grâce une seule chose, monsieur, c'est d'envoyer la nouvelle avec précautions à mon pauvre père — et à lui seulement — de façon qu'il prépare peu à peu ma mère à recevoir ce nouveau coup du destin. Sans cela, la pauvre femme mourrait de douleur !

C'était du plus profond de moi-même que je lui avais adressé cette dernière prière. Le gouverneur n'était pas un monstre. A son regard embarrassé, à son changement subit d'attitude, je sentis qu'il était ému.

Cependant il reprit :

— Non, je ne puis vous garder. Mon gouvernement est en excellents rapports de voisinage avec la France et je ne veux pas l'indisposer contre moi, en me faisant le complice de votre évasion... Je vais faire appareiller le canot, et tout ce que je peux faire pour vous, ce sera de donner des ordres pour que l'on vous dépose dans les bois, aux environs de Saint-Laurent. Là, vous pourrez attendre et trouver peut-être une occasion pour favoriser votre fuite.

— Mieux vaut la mort de suite, lui dis-je, suffoqué par les larmes, mille fois la mort plutôt que de remettre les pieds sur le sol de la Guyane française. Monsieur, vous ne le permettrez pas. Vous êtes père, vous avez des enfants et, à ce titre, vous me prendrez en pitié. Vous me rendrez à ma famille, qui m'attend, et elle vous bénira à jamais. Je ne suis pas un mauvais sujet, vous connaissez quelques détails de mon procès, vous savez combien je suis malheureux et n'ignorez pas qu'une funeste erreur judiciaire m'a plongé dans la plus affreuse des situations.

En ce moment, pareil à un homme qui se noie et que le courant entraîne, je cherchais à m'accrocher au moindre brin d'herbe, à la plus faible racine.

La porte s'ouvrit et un officier entra. Je le reconnus pour l'avoir vu aussi à Saint-Laurent. Il vint demander au gouverneur ce qui se passait.

11.

Le gouverneur et l'officier se mirent à parler en hollandais. La discussion fut longue, vive, orageuse même, fertile en ripostes de part et d'autre, et je vis bien qu'il s'agissait de moi.

Dans ces moments de crise où l'existence est en jeu, l'esprit de l'homme est doué d'une perspicacité peu commune.

Je cherchais à pénétrer les regards, à analyser les mouvements des lèvres, à expliquer les froncements de sourcils des deux hommes; j'essayais de saisir tout ce qui pouvait m'éclairer sur la décision qui allait être prise contre moi.

Enfin, je vis le gouverneur me fixer d'un œil moins sévère encore.

Je bénissais le jeune officier qui, sûrement, avait dû défendre chaleureusement ma cause.

Le gouverneur me dit, sans colère :

— Entrez avec nous dans le bureau.

En même temps que nous, entra un homme d'une quarantaine d'années, au regard déterminé, à l'allure intrépide : j'ai su plus tard qu'il était un ami du gouverneur, qu'il se nommait Knot, que sa nationalité n'était pas sûrement établie et qu'il était chercheur d'or.

Le gouverneur et l'officier s'assirent près d'un pupitre et m'offrirent un siège. Je préférai me tenir debout, tant je me sentais incapable de rester immobile, esclave de mes nerfs. Knot nous tournait le dos, le front collé à la vitre d'une fenêtre.

Le gouverneur prit la parole et me déclara :

— Je ne vous promets rien, je ne m'engage à rien, je ne prends aucune mesure, aucune responsabilité définitive quant à vous...

Cependant, je veux bien croire que vos souffrances sont intolérables, que vous ne les méritez pas, que vous êtes une victime. J'accepte de ne pas vous rendre à la France, pour le moment du moins.

En attendant, vous pourrez vivre libre dans ce village.

.   .   .   .

Je ne lui laissai pas le temps d'en dire plus. J'étais à ses pieds, pleurant de reconnaissance et de joie.

A cette minute, Knot prit son chapeau et sort

Le gouverneur me voyant plus calme reprit :

— Mais comment vivrez-vous ici ? Vous paraissez instruit, de bonne famille. Avez-vous quelques moyens d'existence ?

— Oui, monsieur, je dispose d'une petite somme. Je vais vous la remettre, si vous me le permettez.

— J'accepte. Je vais vous délivrer un reçu. Je mettrai votre argent dans ce coffre-fort. De cette façon, vous ne courrez pas le risque d'être dépouillé.

Ce brave et digne homme, auquel j'ai voué une reconnaissance éternelle, non seulement me décrétait libre, mais encore veillait à ma sécurité.

A son grand étonnement, je tirai d'une brosse à tête quelques louis d'or après en avoir retiré la plaque avec mon couteau ; puis de l'intérieur de la couverture d'un portefeuille un billet de banque, de la ceinture de mon pantalon un autre billet ; enfin, demandant la permission de retirer mes souliers, j'enlevai avec mon couteau un cuir intérieur et j'en tirai deux autres billets et quelques pièces de monnaie blanche.

La bizarrerie de mon stratagème provoqua un long éclat de rire.

A chaque nouvelle cachette découverte, c'étaient de longs accès d'hilarité.

J'expliquai que je craignais d'être volé et qu'en laissant ma petite fortune disséminée aux mêmes places où je l'avais mise en m'évadant, j'étais sûr que, si je tombais dans un coupe-jarrets, on ne pourrait jamais me prendre la somme entière.

Le gouverneur me laissa sur moi une somme de cent francs environ ; il garda le reste, me délivra un reçu qu'il revêtit de sa signature et du sceau du gouvernement hollandais.

Après m'avoir fait quelques recommandations sur la manière de vivre dans cette bourgade, sur les us et coutumes du pays, il me demanda mes papiers et la brochure de mes notes, afin de les lire avec intérêt, et ajouta que, si je voulais sortir, je le pouvais, à l'heure même.

Après l'avoir encore remercié du fond du cœur, je pris congé, accompagné de l'officier.

J'arrivai à la porte du pavillon. La journée était vraiment radieuse. Le soleil très haut brillait d'un éclat magnifique. Je respirai à pleins poumons...

— Libre ! libre ! enfin, m'écriai-je !

— Eh bien, me dit l'officier, en me frappant sur

l'épaule, vous ne voulez tout de même pas coucher ici !

— Oh ! je ne sais plus ce que je veux faire, tant je suis heureux ! lui répondis-je.

— Je vais vous le dire, moi. Il faut d'abord faire l'emplette d'un vêtement plus confortable que celui que vous portez. Rasez-vous à la mode du pays. En un mot, faites-vous une tête de créole hollandais. C'est un bon conseil que je vous donne.

Je lui promis de le suivre en tous points.

— Maintenant, ajouta-t-il, en attendant le moment propice où vous croirez devoir quitter la colonie, vous viendrez demain chez moi, et, si vous voulez aller à la chasse, vous pouvez disposer de mon fusil et de mes cartouches.

Je lui serrai la main avec effusion.

On le voit, il n'avait pas oublié l'infirmier de Saint-Laurent.

— Dites-moi au moins votre nom que je ne l'oublie jamais, lui demandai-je.

— Fritz.

— Et le gouverneur ? repris-je.

— M. Makintosch

— Voilà deux noms, repris-je, qui sont et resteront gravés à jamais dans mon souvenir.

⁂

Le lendemain, vêtu d'un costume de toile blanc, coiffé d'un chapeau de planteur et chaussé de caoutchoucs, je partais en chasse vers la forêt, les poches pleines de cartouches. Ma jambe n'était pas encore guérie, mais je voulais accepter l'offre de l'aimable officier et faire honneur à son hospitalité.

Je me dirigeai sur une petite montagne, face au soleil couchant, et éloignée de six kilomètres du village, mais, pour y arriver, c'était un travail compliqué : point de sentier, des mares d'eau croupissantes à traverser, des bosquets où les papayers, les palétuviers, s'enchevêtraient de lianes et de buissons inextricables. Seul, celui qui a vu la forêt vierge peut se faire une idée de cette végétation extraordinaire...

En allant, je tuai un agouty et deux perroquets, puis un serpent liane qui se trouvait suspendu par la queue à un arbre. La charge fit balle, une moitié du reptile resta suspendue à la branche autour de laquelle elle s'enroula dans les dernières convulsions.

Enfin, j'arrivai à la montagne et je fis la collation. Je vis un petit singe noir qui faisait mille contorsions. Je l'ajustai avec du petit plomb, seulement pour le blesser, car j'avais l'intention de le rapporter en France, mais le gaillard ne m'en donna pas le temps : en trois bonds il disparut dans les taillis.

Je revins à mon repas que je terminai rapidement, puis, allumant une pipe, mon fusil chargé à côté de moi, je me mis à réfléchir sur les événements qui allaient se succéder. J'avais écrit la veille en

France quelques lignes, quelques mots hâtifs faisant espérer à mes bons parents une longue lettre. Je comptais, d'ici deux ou trois jours, prendre un guide qui me conduirait jusque sur le cours du Vana-Krique et de là à Nacaracibo et enfin à Paramaribo, d'où je pourrais soit m'embarquer, soit attendre une réponse de mes parents m'annonçant leur arrivée.

Mais avant d'en arriver là, pour franchir cet espace qu'on parcourt d'un trait du doigt sur la carte et qui est un monde, un monde immense où les forêts se succèdent pendant des centaines et des centaines de kilomètres, abritant les fauves et les reptiles les plus dangereux, les tribus les plus féroces ; pour parcourir cette redoutable zone des forêts vierges, qui voudrait m'aider?

J'en étais là de mes réflexions, lorsqu'à peu de distance de moi une sorte de rugissement rauque, tenant à la fois du hurlement et du miaulement, me fit tout à coup lever la tête.

Un jaguar !

J'étais solidement pourvu de cartouches à balles. Mais étais-je bien sûr de l'atteindre? Et si je ne faisais que le blesser, reverrais-je mon pays?

Ma décision ne fut pas longue à prendre. En trois sauts, je fus à distance, et m'enfonçai dans les fourrés en face de moi.

Il était temps.

A peine avais-je quitté la clairière depuis une minute que je me retournai.

La clairière où je venais de luncher d'une boîte de conserves et dont les abords étaient hérissés de petits thuyas et de hautes herbes se trouva tout à coup occupée par deux fauves, dont l'un émergeant des buissons piqua droit sur les reliefs de mon festin. Je pris prudemment la fuite. Il n'était pas question pour moi de chasser le gros gibier, mais de reconquérir mon honneur.

Je rentrai au village.

XXIII

L'AMI FRITZ

Le lendemain, je reçus de très bon matin l'ami Fritz, qui vint me voir dans mon carbet.

— Redon, me dit-il, il faut quitter la colonie... et vite !

— Comment ça ?

— Croyez-en quelqu'un qui ne vous veut que du bien, il faut partir.

— Je veux bien, puisque, de toutes façons, je dois atteindre la forêt, mais d'où vient cet ordre ?...

— Notre police vient d'arrêter un convoi de voleurs de tafia, conduit par un forçat français évadé..., un être des plus dangereux... Notre gouvernement va le rendre à la France... Et devant une pareille mesure, il est impossible que vous restiez... Car vous pensez bien que votre gouvernement vous a déjà signalé au nôtre...

Je pouvais à peine respirer... Aussi est-ce haletant, cherchant au hasard à faire un paquet de mes hardes, que je demandai machinalement :

— Un forçat évadé ? Je l'ai peut-être connu. Comment se nomme-t-il ?

— Condesenne ! me dit Fritz.

Je tombai des nues.

Je me souvenais trop de ce nom... Je savais la mentalité du misérable.

Il avait été, on se le rappelle, l'auteur initial de mes misères au bagne. J'avais refusé de prêter la main à son évasion par un vol. Et j'avais été puni pour cet acte d'honnêteté. Le destin se jouait de moi.

Condesenne s'était tout de même évadé. C'était sa présence, aujourd'hui, qui entravait ma marche vers l'avenir, vers la justice, vers la vérité. Le bandit surgissait. L'innocent se voyait ainsi privé de tous ses moyens... O iniquité du sort !... Condesenne, qui ne rêvait de fuir que pour recommencer ses forfaits, ses crimes, qui n'avait pour tout idéal que la vengeance ignoble et lâche ; Condesenne, qui ne caressait d'autre rêve que de « faire leur affaire » à deux ou trois hommes, instruments de la loi ; Condesenne, qui martyrisait les faibles ; Condesenne, qui se proposait de rougir de nouveau ses mains dans le sang des victimes ; Condesenne était libre ! Sa liberté menaçait la mienne ! Ma destinée était à la merci de ce gueux — et à la merci du hasard !

L'officier me rassurait un peu et m'effrayait beaucoup :

— Il ne sera pas libre longtemps. Nous allons voir. On sait, ici, traquer les bêtes nuisibles... Seulement, vous comprenez, votre présence est gênante, compromettante. Votre sécurité est douteuse. Mieux vaut filer, sans crier gare!

Et Fritz remettait sur mon hamac l'argent que j'avais déposé chez le gouverneur.

— Voilà votre bien! Hâtez-vous de déguerpir, croyez-moi. C'est un bon, un utile conseil! Si vous ne m'écoutiez pas, il vous arriverait malheur.

Au total, je ne désirais pas revoir Condesenne. L'escapade du gredin provoquait de sérieuses mesures. Je n'eus pas besoin de longtemps réfléchir pour prendre une détermination. Je fis mon paquet. Je dis adieu au brave officier.

Il voulut me prouver encore sa bienveillance :

— Je ne vous laisserai pas partir seul. Je tiens à savoir où vous allez. Je puis peut-être encore vous rendre de légers services.

— Indiquez-moi donc mon chemin pour aller vers les rives de la Wana-Krique ; je prendrai ensuite la route de Paramaribo.

— Gardez-vous bien de vous engager dès à présent dans l'immense région boisée qui nous en sépare. Suivez point par point mes instructions. Il vous faut un guide. Vous l'aurez. Vous irez trouver Pedro Rail, un homme sûr, Portugais d'origine, qui, contre un peu d'argent, accueille les évadés. Lui, vous indiquera votre route et vous donnera le nécessaire.

— Où habite-t-il?

— A cinq heures d'ici, à peu près...

Puis comme j'esquissais un mouvement de découragement :

— N'ayez aucune crainte... Il y a dans la bourgade un Arabe, nommé Ahmet, auquel vous pouvez vous fier... Voici ma carte... Il vous conduira sans danger chez Pedro Rail... L'Arabe habite au bout de la grande rue, la dernière maison à droite, passé la grand'place... Ne tardez pas, il se fait temps! Ce soir même quantité de forçats vont être rendus à la France.

Nul ne saurait dire avec quelle effusion je pressai la main de mon sauveur. J'avais le cœur serré en le quittant, je lui jurai que jamais je ne l'oublierais et je me mis en route...

Je traversai la place. C'était un dimanche...

Beaucoup de chercheurs d'or qui devaient le lendemain partir pour les bois du Haut-Maroni buvaient des verres de « gimm » devant les cases. En face d'un grand magasin chinois, on avait édifié un bal en plein air, bal bizarre, hétéroclite, comme on n'en saurait bien imaginer en France.

Cinq ou six soldats hollandais et noirs, montés sur des tonneaux, jouaient les uns de l'accordéon, les autres de la flûte ou du piston, du tambour.

La société qui composait cet assemblage était la plus étrange, la plus déconcertante que j'aie jamais vue.

Cinq ou six Chinois et Chinoises, quelques noirs à

physionomies indescriptibles dansant le *cake-walk*, le vrai, tel qu'il est seulement dansé par les noirs intégralement, quelques blancs et une dizaine de Peaux-Rouges allumés par le tafia et entièrement nus, tout ce monde multicolore, sautant, grognant, grinçant dans un cliquetis d'armes, de colifichets, au milieu de plumes, des madras et des vestes blanches.

Je n'avais malheureusement pas le temps de m'attarder à des études de mœurs et je m'acheminai vers la case d'Ahmet.

Je poussai la porte et le trouvai assis sur une natte.

C'était un homme de trente ans à peine, la tête rasée. Il fumait un chibouk posé devant lui.

Je lui tendis ma carte de recommandation.

— Bien, dit-il, tu veux aller chez Rail ?

— Oui, combien veux-tu pour cela ?

— Vingt francs et les provisions, dit-il.

— Accepté...

— Quand veux-tu partir ?

— Tout de suite.

— Vrai ! fit-il, en me regardant. Eh bien, allons ! Et il se leva.

Nous partîmes séance tenante.

XXIV

L'HERCULE DE LA BASTILLE

Le voyage se fit sans incident, et vers une heure, sans avoir prononcé dix mots, nous arrivâmes chez Pedro Rail. Ce dernier nous reçut avec affabilité. Il nous fit entrer dans son carbet et nous offrit à manger du riz, un peu de bœuf fumé et quelques fruits.

Nous avions grand'faim.

Pendant que nous dévorions, la porte s'ouvrit et un géant à barbe brune, la carabine en bandoulière, entra dans la pièce.

C'était, je l'ai su plus tard, un autre Français, un évadé aussi. On l'appelait Jean ou l' « hercule de la Bastille ». J'ignore la raison de ce sobriquet.

— Tiens, Jean, dit Pedro, en voilà un qui veut faire le voyage.

Le géant me toisa d'un air soupçonneux. Sans doute, il ne trouva rien à redire sur ma personne, car il ajouta :

— Il n'a peut-être pas tort ; il ne fait pas bon de descendre aux mines d'or ; un peu plus, et j'y claquais !

Jean avait, en effet, travaillé, depuis son évasion, à l'extraction de l'or et à la recherche des pépites dans le Haut-Maroni.

Malgré sa constitution d'acier, il avait dû y renoncer.

— Tu veux partir, petit ? me demanda-t-il.

—Oui !

— Vers Paramaribo, naturellement ?

— Oui.

— C'est pas ici, mon bonhomme.

Il sortit sa pipe et la bourra.

— Faudra te lever alors et venir chercher des provisions chez le capitaine.

— Le capitaine ?

— Tu verras ça.

Nous nous levâmes et fûmes chez le capitaine, qui logeait dans un carbet voisin.

Qu'on me permette ici une parenthèse pour dire ce que c'était que cet étrange personnage ; le pauvre diable en vaut la peine, car je crois qu'on peut faire le tour des cinq parties du monde, sans trouver un « client » pareil, comme disait l'hercule de la Bastille.

Le capitaine était, ô dérision ! un sauvage Peau-Rouge civilisé. Il portait un pantalon de toile, une chemise et un chapeau ; il avait consenti à se séparer de ses plumes, mais n'avait jamais pu s'accoutumer à porter des chaussures, trouvant que ça le gênait pour marcher.

C'était un ancien roi des Peaux-Rouges de la côte du Maroni, roi déchu naturellement, et converti au christianisme ; il était même quelque chose comme sacré et autorisé (par je ne sais quelle bulle quaker ou autre *in partibus infidelium*) à dire une sorte de messe. A mon regret, je ne l'ai jamais vu officier, ni prêcher. Il était chargé de la police des sauvages, ses confrères non civilisés, et les quelques services qu'il avait rendus antérieurement aux Européens l'avaient fait entrer au double service des Hollandais et des Français.

Il était bien difficile, on l'avouera, de servir ainsi deux maîtres à la fois, mais mon gaillard, doué d'une nature intelligente, trouvait facilement le moyen de trancher la question. Et cela lui rapportait.

Il montrait avec orgueil une copieuse brochette de décorations. Comme uniforme des grands jours, il exhibait un véritable costume d'Arlequin, fait d'une ancienne tenue d'officier de marine agrémentée de boutons énormes et d'ornements bizarres, d'un pantalon de couleurs indécises, dans le fond duquel il aurait pu cacher deux ou trois évadés, d'une casquette à visière immense et de différentes pièces du même goût.

Sa femme, gentillette, avait mis au monde une vingtaine d'enfants ; elle était d'un caractère affable et fort soumise à son royal époux, par instants capricieux.

Le Roi-Capitaine tenait un magasin où se trouvait tout ce qu'on peut désirer dans ces pays : chapeaux, habits, chaussures, poudre, outils, plomb, armes, conserves, hamacs, couvertures, manioc, riz, couac, bacaliau, courroies, cordes, et jusqu'à des oiseaux du voisinage qu'il avait empaillés !

La réception qu'il nous fit fut amusante et baroque, mais empreinte d'une certaine cordialité. La soirée se passa en discussions amicales sur ce qui arriverait le lendemain. On fit les emplettes nécessaires ; les marchés furent conclus, arrosés de genièvre, et nous revînmes accompagnés de Jean jusqu'au carbet de Rail.

Le lendemain, 17 juin 1890, nous dîmes adieu à Ahmet, qui retourna à Albina, et nous tînmes conseil sur le plan à suivre pour gagner le plus rapidement possible (!) Paramaribo, port où nous pourrions nous embarquer soit pour l'Europe, soit pour le Nord Amérique.

Il fut décidé que nous descendrions le Maroni en pirogue jusqu'au confluent de ce fleuve avec la Crique-Wana et que nous suivrions ce cours d'eau à travers les forêts vierges jusqu'au Nacaracibo et enfin jusqu'à Paramaribo.

Le départ fut fixé pour le lendemain matin, à huit heures, de façon à passer la nuit au milieu du fleuve en face des pénitenciers français sans être aperçus.

A huit heures un quart, nous montâmes en pirogue et descendîmes le fleuve : Pedro Rail dirigeait l'embarcation, Jean veillait à gauche du côté des Peaux-

Rouges, moi, à droite du côté de la rive française, nous serrions la côte hollandaise d'assez près pour pouvoir débarquer en cas d'alerte ou de signalement de phare ou de canonnière.

Nous rencontrâmes plusieurs pirogues montées par des Peaux-Rouges qui nous hélèrent. Pedro Rail leur répondit toujours dans leur langue et nous passions sans être inquiétés.

A dix heures du matin environ, nous arrivâmes à l'entrée d'une crique où était établie une petite famille de Peaux-Rouges, composée de trois hommes, cinq ou six femmes et une quinzaine d'enfants.

Pedro nous déclara les connaître et nous proposa de rester quelques instants avec eux, pour prendre quelque nourriture et nous reposer.

J'estimais qu'une pareille halte n'avait rien de séduisant, mais Pedro insista, assura que nous ne courions aucun danger. Je finis par accepter.

Cinq minutes après nous débarquions au milieu des Peaux-Rouges ; ils nous examinèrent, Jean et moi, curieusement, sous toutes les coutures, et je compris qu'ils demandaient à Pedro si nous n'étions pas *marrons* (évadés).

Le Portugais répondit non.

Ils nous témoignèrent alors plus de confiance et nous devînmes tout à fait bons amis quand j'eus présenté à leur gourmandise une bouteille de tafia que j'avais apportée. Ils nous firent alors visiter leurs huttes, leurs armes, leurs hamacs et quelques chevaux entravés ; puis comme leur confiance prenait de plus en plus racine, grâce aux libations nouvelles, ils nous montrèrent leurs femmes.

Elles étaient tassées, deux à deux, absolument nues, dans de grands hamacs suspendus à des piquets. Trois d'entre elles étaient vraiment belles avec leur peau cuivrée et couverte de dessins bizarres de couleur rougeâtre. Leurs lignes harmonieuses gagnaient encore à leurs positions nonchalantes. Tandis que les maîtres de céans nous les montraient comme on montre des bêtes de prix, avec des airs de fierté satisfaite, les pauvres créatures souriaient placidement ou regardaient le sol, de leurs yeux soumis d'animaux à l'attache.

Elles ne firent pas un mouvement, pas un geste, ne dirent pas une parole, et ce ne fut que lorsqu'un des chefs eut prononcé quelques mots dans leur langue que deux d'entre elles se levèrent et vinrent étendre une natte sur laquelle elles servirent le repas auquel nous étions conviés.

Le menu était fort abondant et se composait d'une foule de poissons parmi lesquels les silures jouaient un rôle prépondérant. On y mêla divers poissons d'eau douce dont le Maroni et les rios affluents sont remplis.

Chaque plat avait une sauce singulière, avec un arrière-goût détestable de manioc et d'huile de carapa.

Le dessert fut remplacé par une énorme pièce de gibier qui avait été capturée quelques jours auparavant. Les mets étaient servis dans une grande noix de coco ou de calebasse, et chacun avec ses doigts pêchait ce qu'il pouvait attraper.

Ma pauvre bouteille de tafia ne fit pas long feu. Et, le dîner terminé, ce fut une véritable sarabande, des danses du scalp et du pistolet accompagnées d'un vacarme assourdissant.

Il paraît que ce tintamarre était exécuté en notre honneur. Je n'y fus guère sensible.

Le lendemain nous repartîmes tous trois et longeâmes une interminable lisière pendant plus de six heures.

Enfin nous arrivâmes à un amas de carbets habités par quelques blancs.

Là, Pedro Rail nous assura que nous étions en sûreté, que de ce point nous pouvions plus facilement gagner quelques hameaux dont il nous indiqua la position, et affirma que, de là, nous arriverions au Wana-Krique et qu'en longeant pendant plusieurs jours ce fleuve à travers bois, il nous serait facile d'atteindre les grandes plantations de Nacaracibo, le fleuve Surinam et enfin Paramaribo, qui était le but de notre voyage.

Il nous hospitalisa là nuit et le lendemain matin. Il eût peut-être pu trouver pour nous quelque guide, mais il fallait de l'argent et mes ressources étaient devenues si précaires — vingt-deux francs tout juste — que je crus qu'il était nécessaire de les ménager.

Pedro nous accompagna pourtant pendant une heure pour nous mettre sur notre route ; il nous montra à certain endroit, dans une crique, un fourré célèbre où autrefois, paraît-il, un boa de grosseur prodigieuse avait établi domicile. Le serpent se précipitait sur les individus qui regagnaient leurs pirogues et les étouffait.

Très longtemps, des indigènes et des blancs avaient disparu dans ces parages et c'était pour tous un mystère. Un jour, un noir sauvage, Borch, parvint à échapper au danger et le révéla.

Il épia plus tard le reptile et le tua d'un coup de fusil...

Quand nous eûmes tourné le Fourré-du-Boa, Pedro nous remit quelques provisions supplémentaires, trois paquets de cartouches à chacun, prit congé de nous et s'en retourna au carbet.

Et l'on marcha toute la journée : marche pénible et silencieuse. Je n'avais en mon compagnon qu'une confiance assez limitée. Et je n'avais pas tort, on en aura la preuve.

Il était tard dans la nuit quand nous arrivâmes au dégrad Assam. Après y avoir reposé quelques heures, nous nous occupâmes de trouver une pirogue qui nous transporterait au dégrad Dewis, à cent cinquante mètres environ de la première cascade du Maroni et des postes franco-hollandais. Là nous prendrions les bois, et, sans nous engager dans les végétations profondes qui sont en quelque sorte les contreforts de la forêt vierge, nous gagnerions en quelques jours le Wana-Krique et enfin le fleuve Surinam et Paramaribo. Justement une pirogue était en partance. Elle nous reçut pour quelque menue monnaie et nous conduisit rapidement au dégrad Dewis, en longeant la côte hollandaise, bien entendu.

Nous débarquâmes et nous engageâmes résolument dans les régions boisées.

Le soir vint. Nous accrochâmes nos hamacs à des branches, en ayant soin d'allumer de grands feux pour éloigner les fauves et les vampires.

Je ne dormis guère qu'au matin. Hélas ! mal m'en prit, car, à mon réveil, je me trouvai seul : mon compagnon était parti en m'emportant une partie de mon argent, deux couvertures et quelques objets utiles...

Que faire ? Retourner au dégrad ? Il y en avait pour trois heures et c'était retarder mon évasion. Je pris le parti de continuer à travers bois la route que Pedro nous avait indiquée, tout en maudissant mon misérable compagnon de route.

— A la grâce de Dieu ! pensai-je.

Et je me mis en chemin.

Il me restait exactement dix francs que j'avais cachés dans une doublure de vêtement, une couverture, mon hamac roulé, une vingtaine de cartouches, mon fusil, un sabre d'abatis, quelques conserves de bœuf salé et de poisson et quelques objets achetés dans les différents villages et dégrads, que je tenais serrés en bandoulière autour de moi avec mes papiers et mes notes.

Je marchai toute la journée, voulant atteindre un carbet que Pedro nous avait indiqué ; mais, à ma grande surprise, la nuit survint sans que je pusse l'atteindre ; je crus m'être trompé de direction et j'obliquai ou plutôt je crus obliquer à droite, tandis que je suivais, sans le savoir, une courbe. Je gravis plusieurs petites collines boisées, croyant trouver mon carbet dans l'une des vallées. C'est à ce moment que je crus prudent de retourner en arrière, car je voyais que les bois se faisaient de plus en plus épais et touffus. Malgré les études complètes que j'avais faites de ces régions, je m'aperçus que je m'étais égaré, que j'avais bien suivi une route m'éloignant de la rive, comme j'en avais formé le projet, mais que la direction prise était mauvaise, pouvait devenir funeste.

Le crépuscule enveloppait l'horizon d'un manteau de pourpre. J'essayai de m'orienter. Je cherchai parmi les collines que je venais de traverser, mais le manteau de pourpre devenait rapidement noir comme un voile de deuil. D'immenses fourrés s'esquissaient à présent, indistincts dans les demi-ténèbres de la nuit naissante. Les arbres prenaient des formes fantastiques, les taillis, autour de moi, me semblaient impénétrables. Une fois encore, je me sentais las, désolé, — non pas découragé.

Les obstacles continuaient à surgir. Je voulais en venir à bout. Je les surmonterais à force de persévérance et d'énergie. Les écueils retardaient ma marche. Rien ne m'empêcherait d'arriver au but.

Exténué, tenu seulement en éveil par mes préoccupations atroces, qui s'embellissaient soudain d'un

vague espoir quand je songeais à ma famille, à mon
honneur, à la vie nouvelle que ne saurait me refuser
demain, ce grand consolateur, je tendis mon hamac,
j'allumai un feu, je reposai... Et je dormis.

Deux heures plus tard, presque au matin, le chant
des oiseaux me tira du sommeil. Les parfums suaves
et pénétrants achevèrent de me réveiller. J'ouvris
les yeux pour les promener, avec délices, sur le
magnifique panorama qu'ils embrassaient. Tout un
océan de verdure s'étalait, triomphal, sublime, à
l'infini... J'étais en pleine forêt vierge...

XXV

DANS LA FORÊT VIERGE

Il est des heures que l'on ne peut revivre. Il est des circonstances que l'on ne peut narrer, même lorsqu'on se les rappelle fidèlement. La plume n'écoute pas assez la pensée. Et puis le souvenir tient au cœur autant qu'à l'esprit... Je ne donnerai donc que des notes brèves sur les instants que je connus, seul dans la forêt vierge, lorsque, sauté à bas de mon hamac, j'aspirai à pleins poumons l'air de la liberté, grisé des illusions d'avenir que le présent escompte si volontiers.

Il serait d'autant plus malaisé d'exprimer toutes les impressions éprouvées en ces minutes uniques, aventureuses, extraordinaires, qu'elles furent multiples et contradictoires, tour à tour exquises et pleines d'horreur, enchanteresses ou gonflées d'angoisses.

Comment même les qualifier, les résumer ?... Une

halte dans une tourmente...; le ciel rieur et ensoleillé entre deux averses...; le repos d'une âme troublée, fugitivement goûté, mais le repos qui épuise davantage un corps endolori déjà.

J'étais encore, au surplus, sous l'impression des songes roses ou gris qui enveloppent, alourdissent le cerveau en proie au doute. Je sentais successivement ma poitrine se dilater et s'opprimer. J'avais des mouvements de joie et des gestes de rage. Je passais par des alternatives irraisonnées de confiance en la victoire ou de conviction d'impuissance...

Et, toujours, les oiseaux chantaient leurs chansons langoureuses ou folles... Et toujours, en bouffées capiteuses, les parfums enivrants domptaient mes sens.

Je fis effort sur moi-même. Je me défendis, par un mouvement violent, contre l'espèce d'engourdissement, de torpeur, qui m'avait envahi de frayeur et de bien-être. Je pris quelque nourriture, je fis mes paquets et je me mis à l'ouvrage.

Ouvrage rude !

La clairière où je venais de reposer était juste assez large pour y risquer quelques pas. Mais d'inextricables buissons et des broussailles sans nombre l'entouraient, la muraient comme un promenoir de prison qui aurait comme issue un Paradou sans limites !

Mes outils furent indispensables pour ouvrir la voie...

Décidément, mon martyre changeait de genre,

mais restait un supplice... Je n'avais plus à lutter, pour l'instant du moins, contre le mauvais génie humain, contre les erreurs malfaisantes, contre les rigueurs tarifées, contre les trahisons, contre les impostures, contre les gardes-chiourmes et contre les assassins. C'était à la nature qu'il fallait m'attaquer. C'était contre la matière qu'il fallait me défendre... Et la nature se montrait aussi mauvaise, aussi impitoyable, aussi obstinée à me nuire, aussi maîtresse de ma volonté chétive, aussi dédaigneuse de mes effrois et de mes efforts que les êtres auxquels j'avais échappé, magistrats, geôliers, surveillants, bagnards, fauteurs d'infortunes, profiteurs de tristesses, exploiteurs de misère.

Et cette nature insondable, implacable, énorme, était luxuriante et belle. Elle débordait de sève, frissonnait de fécondité, affirmait la splendeur et la puissance de la Vie. Inexorablement, elle me faisait obstacle avec une coquetterie de courtisane. Elle était parée de tous ses joyaux. Elle m'accablait de ses chaînes, bien lourdes, toutes de fleurs. Elle me tenait sous son empire avec des séductions d'amante. Elle paralysait mes élans par les caresses d'une brise aux senteurs capiteuses. Et la torture d'un vol de papillons noirs dans mon cerveau s'atténuait par une vision douce et gracieuse de joutes ailées dans de la poussière d'or, sous l'azur...

Des plantes qui étaient des colosses, des arbres qui étaient des géants ; l'enchevêtrement fabuleux, déconcertant, irréel des branches, l'embrassement des

feuilles, l'accouplement des lierres ; des troncs prodigieux et monstrueux, semblables aux piédestaux
de gigantesques statues, aux bases des colonnes d'un
temple écroulé avant les décadences physiques d'une
race ; des vignes hautes comme des vanilliers, des
vanilliers hauts comme des peupliers, des racines
formidables de mandragores tordus par des tempêtes
sur des abîmes... des choses que j'ai vues, des obstacles que j'ai surmontés et que j'ai peine, par le
souvenir, à me figurer vraisemblables...

J'avançais... Chaque pas me coûtait un tour de
force... Quand une échappée me permettait quelques
secondes de repos, mon cœur bondissait d'espoir.
Mais, je retombais aussitôt dans les frondaisons merveilleuses et meurtrières des papayers, des mélèzes
et des acajous.

Si je pouvais m'imaginer l'enfer avec le décor d'un
jardin, je croirais avoir parcouru la même route que
Dante... Libre et captif, j'étais cela...

J'avais vaincu la férocité de mes bourreaux. Je me
heurtais à l'opposition de la Nature.

Je sortais de la captivité nourricière d'une espérance.

Je goûtais la liberté enfanteuse d'une agonie.

Je n'entendais plus les grossièretés, les insultes,
les blasphèmes, les imprécations, les malédictions
qui avaient si longtemps, si longtemps poursuivi le
forçat. Je ne respirais plus l'atmosphère puante des
cases. Je ne sentais plus l'odeur méphitique de l'hôpital.

J'écoutais des gazouillis. Je me grisais d'émanations adorables.

Et ces charmes étaient d'une ironie infâme !...

Jadis, dans l'horreur des cachots, dans la honte des contacts, dans la fièvre des maladies, dans la vermine du bagne, je berçais ma douleur au chant d'un espoir. Je rêvais la route large, la solitude calme, la lumière du soleil...

Un acte courageux délivre...

Par une hardie tentative, je comptais fuir la souffrance et le vice, l'humiliation et la violence, échapper au dégoût et aux menaces, à la brutalité des règlements et à l'imbécillité des revolvers.

Un fleuve à traverser, un espace à franchir : braver la mort, vouloir, oser...

J'avais voulu. J'avais osé. J'avais bravé la mort. J'avais franchi l'espace. J'avais traversé le fleuve. Les revolvers ne m'avaient pas atteint. Les règlements ne m'avaient pas aveuli. Les menaces, les dégoûts, la violence, l'humiliation, les contacts odieux, les maladies graves, j'avais subi tout cela...

... Pour en arriver ici !

Ici, perdu, à jamais peut-être, dans le réseau immense qui court des rivières du Venezuela aux confins du Brésil et dont on ignore encore l'étendue au Sud. Monde nouveau, terre effrayante, où les fourrés fleuris cachent des nids de reptiles dont le dard bave la mort ; — cavernes ténébreuses où les orchidées montent leurs décors magiques et invraisemblables et qui servent de repaires aux couguars et aux panthères qui vont à l'homme comme à la proie rare et ardemment convoitée ; branchages où s'enroulent des boas qui, glissant sans bruit dans cette paradisiaque débauche de couleurs et de parfums, déploient leurs anneaux et lentement broient leur victime dont les cris se perdent en l'infinie tristesse du silence ; — embûches sans issue où, à chaque pas, l'ennemi vous guette, prêt à bondir et à vous déchirer.

Que pouvait-il me rester de foi ?

Cependant le désir de vivre quand même, de lutter sans cesse jusqu'au dernier souffle, soutenait mes forces et j'allais, taillant toujours, en pleins rameaux, en pleines tiges, avançant, toujours pas à pas, déjà sauvage des bois, prenant ma part du vrai combat de l'homme contre les éléments, disposé à vendre chèrement ma vie à cette nature sublime et féroce, qui cherchait à me barrer le chemin !...

Mais déjà l'outil tremblait dans ma main. En plusieurs endroits mon sabre d'abatis s'ébréchait sur les rugosités. La lame ruisselait du poison des sèves. A certains passages, j'avais dû couper de forts bâtons de palissandre afin de m'en servir comme de leviers pour venir à bout des troncs d'arbres terrassés par les orages ou des pierres enfoncées dans la vase des mille ruisseaux qui vagabondent sous les hautes herbes, ou encore pour soulever les tiges sarmenteuses qui emprisonnaient les bouquets de palétuviers et de cocotiers.

La nuit vint ; j'étais harassé. Quelle distance avais-je parcouru ? Je ne le sais, mais mes forces étaient dépensées. J'étais arrivé à une petite éclaircie formée par les troncs de trois immenses baobabs et de quelques pieds moyens de caoutchoutiers, dont les feuilles reluisaient aux rares rayons de lune qui avaient pu pénétrer en cet endroit.

Il ne fallait pas songer à se laisser tomber dans l'herbe. J'eusse rapidement servi de pâture aux reptiles. Il ne fallait pas davantage songer à grimper sur un arbre où les couguars et les jaguars viennent se rencontrer avec les serpents et les gorilles.

Je coupai quatre piquets de quatre-vingts centimètres environ et les plantai en terre. J'étais ainsi suffisamment à l'abri des insectes et de l'humidité. Je fendis la partie supérieure des pieux, j'y engageai perpendiculairement des branches et je plaçai en travers divers rameaux pris aux végétaux les plus souples et les plus solides. Le tout fut attaché fortement avec des lianes. J'allumai deux feux de chaque côté de ma couchette et je m'endormis.

Pendant trois mois, seul ou en caravane, je n'eus pas d'autre lit.

Le lendemain et les jours suivants, je recommençais ma besogne, tantôt j'abattais un arbuste qui, secouant ses hampes de fleurs, me couvrait de pétales multicolores, tantôt je décortiquais le tronc d'un arbre séculaire pour en jeter l'écorce sur des pépris, sortes de marais qui se dissimulent sous les hautes herbes ; tantôt, dans la région des terrains tremblants et surtout après les pluies torrentielles,

si fréquentes dans les tropiques, je construisais des
rudiments de ponts avec des tiges de thuyas et de
pinots ; tantôt je me fauchais un passage à travers
des touffes d'orchidées hautes de trois mètres, aux
fleurs bleues de stellarias ; aux calices empourprés
d'hémérocales, aux festons de topaze des mancenil-
liers, aux régimes enguirlandés des albanaras,
hachant dans les réseaux des résines et des gouanies
aux fleurs énormes couleur d'améthyste ou de
rubis.

Sur ma tête, à de respectables hauteurs, grinçaient
des bandes de singes, caquetaient des compagnies
de perroquets et de kakatoès, ou gazouillait une
incommensurable volière d'oiseaux de toutes tailles
et dont les plumages variés à l'infini se confondaient
avec les fleurs éclatantes des lianes et des branchages.

De mon front et de ma poitrine, la sueur ruisselait
à flots. Je cueillais des poignées d'herbe pour m'essuyer, et, quand j'étais exténué et que je jugeais
suffisant le chemin parcouru, je dévorais quelques
fruits de manguier ou de cocotier, ou je prenais un
peu de viande fumée dans mon bissac, puis je me
remettais à l'ouvrage jusqu'au soir. Alors dès que
j'entendais le miaulement d'une panthère ou d'un
chat-pard sous le poids desquels craquaient les
branches du taillis voisin, j'armais ma carabine et
j'allumais mon feu jusqu'à ce que j'entendisse le cri
des fauves se perdre dans les masses étagées de la
forêt.

Un jour que je me glissais péniblement à travers une touffe de bambous, je vis que l'eau murmurante près de laquelle elle poussait se rougissait de larges flaques de sang. Une sueur froide inonda mon visage ; je restai cloué sur place ; une odeur âcre et pénétrante régnait à travers les ramures, dominant les effluves embaumés des fleurs. Plus de doute. J'étais arrivé dans l'antre d'un fauve.

Aussitôt, d'un bond, je me rejetai de côté, mais un fourré de warras et de bananiers me barra la route. Je fis quelques pas en arrière... Pas assez tôt, cependant, pour que je ne visse écartant les bambous un animal de la taille d'un très gros chien, à la peau tachetée, aux yeux chatoyants et terribles. C'était un couguar de forte espèce. Il tenait dans sa gueule de la chair sanglante. Je ne pus déterminer la nature de sa proie.

Ce jeune fauve était à peine à dix pas de moi. Instinctivement, je saisis mon fusil ; mais, dans ma précipitation, je ne sus plus ouvrir assez vite mon sac pour prendre une cartouche ; je restai comme pétrifié et, d'instinct ou de terreur, je poussai un cri déchirant que répercutèrent les ramures.

Le félin, qui avait déposé sa victime devant lui et dardait ses yeux verts dans ma direction, reprit rapidement son gibier et, sautant lestement sur une branche, s'éloigna en grognant à la façon des chats en fureur.

Longtemps, je le vis sauter de branche en branche et s'éloigner, et se perdre dans l'épaisseur des taillis. Je ne le tirai pas, de peur de le manquer, à travers les arbres... Bientôt, au fond de la petite clairière où il s'était engagé, je ne vis plus qu'une masse informe, jaunâtre, qui se confondait avec les troncs d'arbres.

Ainsi, je pus vérifier ce que m'avaient dit certains trappeurs et quelques sauvages : il est assez rare que le fauve attaque l'homme, à moins qu'il ne soit à jeun, bien entendu... Si l'on se trouve en présence de l'un d'eux, il faut se garder de fuir ; on pourrait trébucher et on serait perdu, car ce sont la stature et le regard humains qui les tiennent en respect. Un cri aigu et retentissant suffit souvent pour les faire retourner en arrière, comme la vue seule du feu les maintient éloignés sur plus de cinq cents mètres de rayon.

Je m'aperçus peu à peu, en continuant mon exode à travers la forêt, que les fougères se faisaient de plus en plus rares, que les herbes marécageuses disparaissaient ; je quittais en effet la « savane » mouvante proprement dite. Les tortues et les iguanes n'apparaissaient plus qu'à de rares intervalles, tandis que les aloès, les hévés et les campêchiers commençaient à montrer leurs feuillages brillants et comme vernis, et leurs fleurs autour desquelles ronronnaient des nuées de colibris, de bengalis et d'oiseaux-mouches. Je rencontrais bien parfois quelques ruisseaux où se baignaient des flamants aux ailes roses ou des compagnies de hoccos brisant à coups de bec des graminées d'eau, mais le cours de ces eaux paraissait plus régulier et plus tumultueux. J'espérais à ces signes ne pas être éloigné de quelque colline d'où il me serait peut-être permis, en grimpant sur un baobab ou un sang-dragon, de m'orienter vers une région plus découverte.

Hélas ! j'eus beau marcher, des jours et des jours encore, déchiffrer les annotations que j'avais faites sur ma boussole construite à l'hôpital, je ne pus rien découvrir de nature à me faire espérer.

Mes vivres étaient épuisés. Je ne vivais plus que du produit de mes chasses, notamment d'agoutis et de pécaris. Ces derniers sont une espèce de porcs sauvages qui se rencontrent en bandes et constituent un mets fort délicat. Mais il faut être assez adroit pour les atteindre !

Je ne craignais pas de mourir de faim, car je savais à peu près quels étaient les fruits que je pouvais cueillir sans danger : les mangues, les cocos, les figues, les ignames, les ananas, les goyaves, les barbadines. L'éternelle crainte qui me tenaillait c'était le danger de périr déchiré par la robuste mâchoire des fauves, écrasé par quelque orang-outang ou broyé par les crocs des serpents.

Une angoisse mortelle me tenaillait aussi : l'idée de rester toujours le prisonnier de cette forêt vierge, l'esclave de cette nature qui pouvait se jouer de moi éternellement, la crainte de marcher, marcher en vain, Juif-Errant des solitudes, dans ce labyrinthe incommensurable, sous ces voûtes de verdure, sous ces portiques de feuillages, entre ces monuments de broussailles.

Depuis plus de vingt jours que j'allais, poussant, cognant, coupant, renversant, brisant l'obstacle pour me frayer un passage, je n'avais pas rencontré visage humain. Aucun homme, depuis des années et des années, depuis des siècles, ne s'était engagé dans ces bois épais, n'avait pénétré les mystères de ces végétations, n'avait troublé de sa présence la virginité des forêts... Je me rappelais des légendes : Rip, endormi vingt ans pour avoir voulu arracher un trésor à la montagne. Je courais après un trésor aussi : la liberté. Je la tenais et n'en pouvais pas jouir.

Ah ! si j'avais pu m'orienter, choisir logiquement ma direction, être sûr, au moins, que chaque pas me rapprochait du but !

Si j'avais eu le moyen de régler ma route vers le nord-est, vers la délivrance !...

Mais mes travaux, mes sueurs, mes luttes, mon existence sauvage, mon corps-à-corps avec les éléments m'avaient dépossédé de mes ressources les plus chères : mes notes étaient méconnaissables, je ne pouvais plus jalonner mes observations.

Un jour j'atteignis un petit tertre où les arbres se raréfiaient. Seuls quelques buissons de féviers et de mimosas, formant un large massif de plusieurs centaines de mètres de diamètre, venaient y balancer leurs dernières grappes. Je m'étendis sur des branches.

A en juger par les quelques rayons de soleil qui filtraient sous la voûte et les arceaux de fleurs et s'accrochaient aux grappes dorées, je crus deviner qu'il était à peu près midi. J'étais si exténué de fatigue que je ne tardai pas à m'endormir.

Tout à coup une voix humaine parvint à mes oreilles... Il me semblait que ce ton mièvre et chevrotant m'était connu... Un froissement de feuillages se fit entendre, les branches s'écartèrent et je vis apparaître un petit être maigre et chétif, au teint olivâtre, aux yeux bridés, aux cheveux lisses et tressés ; il s'appuyait sur une tige de bambou, marchait en tâtonnant dans ses chaussures de paille de riz ; il s'approcha de moi en souriant et m'appelant :

— Mossi Redon !

Plus de doute, c'était l'Anguille, mon pauvre Loa-Tsu, que je n'avais plus revu depuis l'hôpital. Par suite de quel prodige fabuleux avait-il franchi en droite ligne des centaines de lieues pour venir me trouver en cette forêt séculaire et dont le sol n'avait jamais été foulé que par nous deux, peut-être ?

J'écarquillai les yeux, je voulais crier ma joie. La surprise me clouait sur place.....

L'Anguille vint à moi en courant.

— Mossi Redon ! Mossi !

— Oh ! mon brave ! Comment es-tu ici ? Comment as-tu pu pénétrer jusqu'à moi sans être dévoré ?

Quelle fée bienfaisante a éclairé ta route ?

— Mais, dit simplement le Chinois, après que vous avez été parti, j'ai revu la Pince, qui m'a dit vous aller à Albina. Alors, j'ai dit: « Bien ; je le trouverai ! »

— Mais, voyons ! dis-moi, que s'est-il passé depuis mon évasion ? Comment es-tu venu à Albina, et d'Albina comment as-tu pu voir Ahmet et Pedro Rail. Dis vite, vite !

Les questions se pressaient sur mes lèvres. A peine pouvais-je articuler.

— Ah ! Mossi, d'abord une longue lettre venue au gouverneur Cayenne, vous pas coupable.

— Oh ! mon Dieu, que dis-tu, l'Anguille ?

— Oui, lettre disait vous retourner France avec bateau.

Je serrai le pauvre Chinois à l'étouffer. Jamais je n'avais connu dans mon existence pareille minute de bonheur !

— Oui, reprit Loa-Tsu, alors moi parti chez gouverneur hollandais où Fritz dit vous avec Ahmet et Pedro. Moi chez Pedro qui m'a envoyé au dégrad Dewis et là Jean dit vous loin, loin, loin, Forêt Vierge et voilà vous ai retrouvé !

Je n'en revenais pas. Tout cela me semblait être une délicieuse fantaisie. Mon cœur était rempli d'une joie indicible et je crus que j'allais mourir de bonheur. Tout à coup un ara voletant sur les branches qui nous abritaient poussa un cri rauque pareil à une poulie qui grince. Je sursautai et... me réveillai : et je me retrouvai seul, abandonné, en pleine forêt vierge. Hélas, ce n'était qu'un rêve : tout ce cortège de félicités n'était qu'un amer mensonge. Mon inno-

cence reconnue qui éclatait aux accents d'une fan-
fare vengeresse, ma patrie, mon honneur retrouvés;
tout cela n'était qu'une fable ironique et méchante...

Je me levai, les larmes aux yeux; de la pointe de
mon sabre d'abatis je traçai un signe sur le tronc de
l'arbre qui m'avait donné de si doux songes, je repris mon fardeau et me remis en route sous les bois,
tristement, à l'aventure, le cœur ulcéré, l'âme comme
dans un cachot.

XXVI

CHEZ LES PEAUX-ROUGES

A mesure que j'avançais, la forêt changeait d'aspect, ce n'étaient plus les fourrés embroussaillés de lianes et de plantes grimpantes, sous lesquels susurraient des cours d'eau coulant entre les pierres moussues ; la flore avait changé de nature. C'étaient maintenant de grands pieds de yuccas aux feuilles lancéolées et reluisantes comme de l'acier, des buissons épineux de bardanesias, de longs avocatiers chargés de fruits violets, des palmiers bactris aux éventails frémissants sous lesquels piaillaient et caquetaient des légions d'aras, des araucarias où se balançaient des multitudes de ouistitis grimaçants, où gambadaient des familles de sapajous, d'énormes cocotiers où grignotaient des singes à queue prenante, des touffes démesurées de châtaigniers à cupanies abritant des jets de fernandézies aux larges fleurs rose carmin ou blanches, où voletaient des mouches multicolores, où bruissaient des badistes gros comme des scarabées et brillants sous leur cuirasse jaune et or.

Plus loin c'étaient des phyllocactus aux fleurs pourprées où les waras pointaient leurs tiges aux aiguillons menaçants, des théories sans fin de bananiers pliant sous leurs régimes. Enfin, de temps en temps, comme pour protéger toute cette végétation magique d'un trop grand éclat de soleil, un énorme baobab inclinait jusqu'à terre la coupole frissonnante de ses ramures, construisant une voûte capricieuse et compacte de verdure que soutenait un tronc millénaire.

Puis venaient des magnolias étalant la splendeur de leurs fleurs énormes d'où sortaient des oiseaux gros comme des cailles, le plumage étincelant, saupoudré de pollen.

Cependant les plantes grimpantes se faisant de plus en plus rares, j'avançais avec moins de difficultés. De hautes herbes, aux tiges droites et plus sèches, me faisaient espérer que peut-être j'allais atteindre quelque savane ou une des pampas qui fréquemment forment comme une bordure aux forêts vierges.

Mon espoir ne devait pas complètement se réaliser, mais il était certain que j'entrais dans une région toute différente.

Par bonheur, la marche oblique que j'avais suivie m'avait été utile ; sans elle, je me fusse à jamais enfoncé dans cette mystérieuse flore sylvestre du Sud-

Amérique d'où comme du monde de Shakespeare :

Pas un voyageur n'est encor revenu.

Mon chemin fut tout à coup barré par un cours d'eau de quatre à cinq mètres de large, où des courlans au bec recourbé s'ébrouaient en claquetant. De crainte d'être mordu par quelque saurien, je ne m'engageai pas dans l'eau, bien qu'elle fût peu profonde ; je coupai quelques branches de bambous, j'y jetai quelques ramures de cèdre-filao, dont le feuillage ressemble à une opulente chevelure de fée, et je formai ainsi un pont assez solide pour atteindre l'autre rive. Malgré les buissons qui me griffaient le visage, me cinglaient les membres, malgré les fleurs vénéneuses des antiarias qui poussaient à profusion à cet endroit, je m'engageai résolument dans les taillis. Mon sabre d'abatis hachait toujours, ruisselant de sucs laiteux et d'huiles essentielles.

Quelles ne furent pas ma surprise et ma crainte quand je vis au bout de quelques minutes que les hautes herbes qui s'étendaient devant moi avaient été écartées pour livrer passage à un être que je supposai d'abord être un puma ou une panthère. Mais je réfléchis que les arbres étaient trop abondamment touffus et près les uns des autres pour qu'un félin n'eût pas sauté de l'un à l'autre, comme tous le font pour éviter les piqûres de reptiles lorsqu'ils regagnent leurs antres.

Un reptile !... C'était peut-être un serpent qui avait passé par là ?... Non,... la trace n'était pas tortueuse, elle était presque droite et, en l'observant mieux, je remarquai même que les foulées y avaient été régulières, assez profondes pour être faites par le pied d'un homme, pas assez larges pour marquer le passage d'un pachyderme, éléphant, rhinocéros ou hippopotame.

Néanmoins, j'arrêtai ma marche et je mis ma carabine au cran d'arrêt.

J'entendis soudain un cri humain. Je me pinçai pour m'assurer que je ne rêvais pas une fois encore... Je ne rêvais pas, — c'était bien le cri d'un homme.

Brusquement, un fourré s'écarta, et je vis sortir, bondissant, un énorme puma ou lion sans crinière tenant dans sa mâchoire puissante un jeune Indien de quinze ou seize ans.

Les cheveux, où flottait un ornement rouge que j'avais d'abord pris pour du sang, traînaient à terre... D'un mouvement fébrile, l'infortuné essayait à se dégager au moyen d'une sagaie qu'il tenait encore à la main, mais les dents du fauve refusaient de lâcher la proie, et, malgré le poids de sa victime, le lion gardait une vive allure, sautait d'une touffe à l'autre, laissant derrière lui une traînée de sang.

Réunissant mes forces et retenant mon souffle, miraculeusement calme, j'ajustai la bête dès qu'elle eut présenté le flanc.

La balle l'atteignit à l'aine... Comme sous le coup d'une baguette magique, le tableau changea.

L'animal lâcha l'Indien qui, dans sa douleur, ne

m'avait pas aperçu et qui maintenant poussait des cris à mon approche.

Le fauve se retourna vers moi, s'accroupit sur son arrière-train, prêt à m'assaillir.

Je ne sais quel sang-froid je récupérai alors. Sans penser au danger que je courais, au moment où le puma, la gueule ouverte, ses terribles crocs en avant, faisait quelques pas pour se rapprocher, je pressai la détente du second coup !

Mes autres cartouches étant dans mon bissac, si j'avais manqué le fauve j'étais perdu.

Par bonheur, mon adversaire roula dans l'herbe avec un hurlement formidable. Ma balle l'avait atteint au moment où il bondissait et lui avait percé le ventre de part en part.

Pendant que je prenais de la distance pour avoir le temps de recharger, je vis le fauve se rouler dans les derniers spasmes, vomir un flot de sang écumeux, pousser un long râle, étirer ses larges pattes et expirer.

Mes mains tremblaient convulsivement. J'eusse manqué un troisième coup, sans doute...

Le jeune Indien, pendant ce temps, avait coupé de larges feuilles pour arrêter le sang qui coulait de ses reins... ; quand il se fut pansé, il se traîna vers moi, et, mettant ses deux mains sur sa tête, il vint se coucher à mes pieds.

C'était le premier être humain que je voyais depuis la fuite et le vol de Jean, c'est-à-dire exactement *depuis trente jours.*

En toute autre circonstance, cette créature, produit d'une race asservie et dégénérée, éloignée des blancs par tant de points, ne m'eût procuré qu'une satisfaction très relative ; mais, sortant de cette prison naturelle où les fauves, les reptiles, les insectes, les fleuves et les bois, étaient autant d'obstacles à vaincre et d'ennemis à combattre, la rencontre me sembla providentielle et je l'accueillis comme on accueille, après un long voyage, le meilleur des amis... Un problème se précisait... Comment arriver à me faire comprendre ?

En dépit de sa blessure, le malheureux esquissait une danse joyeuse à mes côtés. Je cherchais dans mes souvenirs, la tête brûlante, les quelque quinze ou vingt mots de dialecte indien émerillon que j'avais appris dans mes divers entretiens avec les Peaux-Rouges ou les libérés...

Autant que je pus le remarquer, ce jeune homme devait appartenir à une tribu des Boschs (1).

On sait que les Indiens, peuple aborigène des Amériques, ont gardé les noms dont les Européens se sont plu à les appeler, tout en les détruisant systématiquement et en les traquant comme des fauves. C'est ainsi que dans le Nord ils sont successivement Peaux-Rouges, Apaches, Hurons, Iroquois ; dans le centre et les Antilles : Aztèques et Caraïbes ; dans le Sud, Emerillons, Boschs, Roucougènes, sujets d'Incas, Galibis, Patagons.

(1) Le mot *bosch*, en hollandais, signifie *bois*. Par extension, « sauvage des bois ».

Chacune de ces dénominations désigne bien une espèce différente, mais le nom patronymique de tous ces autochtones est : Peaux-Rouges ou Indiens.

La conversation que j'eus avec mon nouvel ami ne fut pas bien compliquée de périphrases.

Je lui demandai son nom :

— Deko-Has-Hamacca-Brok.

Ce qui signifiait : Deko, fils du Hamac brisé.

Le petit sauvage était vêtu d'une espèce de morceau de peau de bête qui lui ceignait les reins et il portait une arête de poisson au travers des narines. C'était tout son costume...

Par gestes, et aidé de mes connaissances plus qu'imparfaites, secouru surtout par sa bonne volonté, car sa tribu était fort éloignée de celle des Emerillons, je lui demandai de me conduire.

Il acquiesça avec joie et nous partîmes.

Deko s'engagea dans les buissons. Il était d'une merveilleuse agilité.

Souple comme une couleuvre, léger comme une hirondelle, il touchait la terre, il l'effleurait plutôt sans provoquer le frémissement d'une branche, la courbure d'un brin d'herbe. Il était l'adresse, l'élégance, la grâce. Il gagnait du terrain. se glissait, s'infiltrait, se mêlait à la végétation, avançait encore, sans une gêne, simplement, avec une facilité déconcertante, avare d'inutiles gestes, prodigue des efforts nécessaires, sachant tout ce qu'il fallait faire et comment il le fallait, ne perdant ni une minute, ni un mouvement.

Et, le suivant, l'imitant, le remerciant, je pensais :
« Combien de ressources précieuses les civilisés bar-
bares donnent en holocauste à leurs ambitions lorsqu'ils apportent, avec leurs canons, ce qu'ils appellent
leurs bienfaits à ces êtres qu'ils nous représentent
comme inférieurs ! »

Sans les révoltantes brutalités des puissances
envahisseuses, la race serait forte et féconde, riche
de qualités insoupçonnées par tous ceux qui ne font
connaissance avec elle qu'en conquérants. Les
esclaves seraient des hommes, les ennemis seraient
des auxiliaires, les sauvages seraient des citoyens...
Deko, pour moi, en ce moment, personnifiait l'immanente injustice...

Longtemps nous marchâmes — si l'on peut appeler
marcher cette course étrange, cette chasse à la route,
accomplie à coups de prodiges, d'endurance et de
miracles de volonté... Nous prîmes et parcourûmes
cet inconcevable chemin des écoliers, le chemin des
bêtes féroces !... Et quoique ce chemin me fût frayé,
à travers les interminables régions de waras épi-
neuses, par mon compagnon, extraordinairement
agile et vigoureux, je me meurtrissais à chaque obstacle, je me déchirais à chaque pas ; j'achevais de
réduire en lambeaux les vêtements déjà loqueteux qui
enveloppaient mal mon pauvre corps épuisé...

Et Deko poursuivait sa route impunément, m'ame-
nait par les massifs aux enivrants parfums dans
les sentiers où des fleurs irréelles resplendissaient
d'un éclat surnaturel, filles légitimes du soleil ou

bâtardes de merveilleuses fées. Celles-ci avaient l'air d'étoiles gigantesques, jetées dans les nues par le caprice de quelque puissant démon; celles-là ressemblaient aux gueules sanglantes et affamées de monstres, engendreurs d'épouvantes... Et d'autres encore, agrément de l'inattendu ou poésie de la terreur, symbolisaient des bouquets de feux d'artifices ou des écrins de pierres fines, brillantes comme de jeunes astres ou raffinées comme de mûres courtisanes...

Le supplice, mêlé d'enchantement, dura trois heures.

Enfin, Deko, ayant toujours appuyé sur la droite, poussa un cri. Et je vis une clairière. Et je constatai que le sol avait été foulé, que l'herbe avait fléchi sous la fantaisie d'une tempête ou sous l'obstination d'un campement.

A travers les buissons, nous pénétrâmes en cet endroit...

Je pouvais distinguer plus nettement... Au milieu, deux branches brûlées étaient là, attestant la présence récente d'êtres humains...

Sur l'indication de Deko, je m'engageai dans un passage, où symétriquement on avait écarté les embarras naturels. C'était comme une trouée maladroite dans le triomphe d'une sublime floraison.

Des efforts dépensés, encore, toujours. Et, soudain, au bout de vingt minutes de lutte épuisante, un cri strident que répercutent les échos, un cri s'éloignant de rameaux en rameaux, s'éteignant très loin, là-bas, longtemps après avoir retenti.

Deko avait crié.

Et, perceptible à peine, un bruit indistinct, langoureux comme une plainte d'amante, encourageant comme des lèvres qui s'offrent...

On avait répondu. Nous étions attendus, reconnus. Nous étions sauvés...

Pas tout de suite, toutefois... Il restait encore une étape à franchir... Mais, bah ! c'est une joie, dans la bataille, d'atteindre la victoire, après mille mouvements d'audace et de bravoure !

Il nous fallut une demi-heure pour atteindre l'endroit qui rompait définitivement (et heureusement) l'harmonie de la forêt vierge.

Saurai-je le définir ?

Figurez-vous, dans un décor magnifique, le sol du premier plan presque entièrement dépouillé sur une vaste étendue. De ci, de là, quelques bouquets de cocotiers, encore, subsistent, entourés de larges baliveaux, pratiqués par la main de l'homme. Cinq ou six huttes de bois recouvertes de waras et de feuillages.

Du chaume de l'une d'elles partaient des torrents d'une fumée épaisse. (On sait que les Indiens et les trappeurs après la chasse boucanent ou fument leur gibier, afin de le conserver.)

Deko ne résista plus et au détour des huttes, il se mit à courir à grandes enjambées au risque de rouvrir ses blessures.

Pour ma part, toujours méfiant, — et pour cause, — j'armai ma carabine.

Je savais bien que nous étions trop éloignés des rives du Maroni pour que cette tribu ou ce clan fût parmi ceux qui rendent les marrons ou les évadés ; mais je pouvais aussi bien tomber chez les anthropophages et rien ne m'assurait que la reconnaissance de Deko fût assez puissante pour me tirer de leurs griffes.

Je tombais en plein campement.

Une vingtaine de sauvages étaient assis, en cercle. Au milieu d'eux bouillait, entre deux pierres, une sorte de marmite contenant une pâte noirâtre, dans laquelle ils trempaient de temps en temps leurs longues flèches.

J'ai su plus tard que cette matière bizarre n'était autre chose que le terrible et redoutable curare, au moyen duquel les Indiens empoisonnent leurs armes de trait. C'est une composition dans laquelle entre surtout le suc d'une plante strychninée dont les effets sont des plus violents.

Non loin de ce groupe, une espèce de trophée, formé par un long piquet, fiché en terre, et croisé par une autre pièce de bois à sa partie supérieure et sur laquelle était étalée une peau de bête séchée et une tête humaine qui devait sans doute être celle d'un chef de quelque tribu ennemie capturé, me fit courir par tout le corps un frisson d'horreur.

Mais il était trop tard pour hésiter.

Deko, tout essoufflé, m'avait devancé et avait déjà raconté son aventure à tout le clan, car à mon arrivée les sauvages poussèrent des cris et l'un d'eux se leva et vint avec force gestes, accompagnés d'une mélopée bizarre, me souhaiter la bienvenue.

On me fit asseoir au milieu des naturels et l'un des enfants qui jusque-là s'étaient amusés à donner des tiges d'herbe à deux chevaux, mustangs qui broutaient à quelques pas de là, accourut avec mille petits objets informes et bizarres, tels qu'arêtes de poissons, espèces de perles multicolores, menues pièces de monnaie, graines de plantes étranges, plumes d'oiseaux, etc., le tout contenu dans une corbeille informe faite de feuilles de bambous.

Tous me parlaient à la fois, mais je ne pus comprendre que quelques vagues paroles... Aussi Deko se chargea d'être mon interprète et je vis à sa mimique expressive qu'il détaillait la scène de la mort du puma.

Un des Indiens que je crus reconnaître pour le chef, grâce aux nombreux anneaux et arêtes qui le paraient, et aux armes nombreuses qui gisaient près de lui, se leva et vint me placer ses deux mains sur les épaules en baragouinant je ne sais quelle allocution.

Aussitôt, deux femmes assez jolies enlevèrent le pot de curare et le remplacèrent par une chose comestible que je crus être du buffle entouré de fruits d'une grosseur extraordinaire.

Nous mangeâmes de fort bon appétit. Puis, les plus jeunes des Indiens exécutèrent, avec leurs flèches, une danse guerrière, accompagnée par toute la troupe d'une musique de calebasses et d'un cliquetis d'armes et de sagaies.

Après ces réjouissances chorégraphiques, on servit, dans des noix de coco, une espèce de liqueur singulière à reflets rougeâtres, que j'effleurai à peine de mes lèvres. Un des Indiens, considérant ma carabine (que je n'avais pas quittée) vint me parler avec force gestes.

Je crus tout d'abord comprendre qu'il voulait faire l'acquisition de mon arme. Mais je connus bientôt mon erreur. Il s'était éloigné, rentrait dans une case, en ressortait muni d'un fusil d'ancien modèle et me le montrait orgueilleusement.

Et il maniait fort bien son outil de défense ! Et, une fois de plus, je m'étonnais de la sagacité de cette classe déshéritée capable de s'équiper pour sa sauvegarde malgré son éloignement des pays où mûrit le progrès industriel.

Le jour commençait à baisser... Il devait être six heures environ. J'appelai Deko. J'eus toutes les difficultés imaginables à lui faire comprendre que mon projet le plus cher était de partir sans retard.

Il parut se rendre compte après toutes ces décisives mimiques... Il me fit signe qu'il allait narrer mon projet aux siens.

Mes hôtes manifestèrent quelque étonnement ; mais j'insistai, me souciant peu d'une nuit en cette compagnie, dont je n'étais en somme pas très sûr.

Le chef donna un ordre. Deko prit alors un énorme bissac rempli de pain de manioc et de bœuf salé que les Espagnols appellent *tasajo*, et je pris congé de

mes amis d'un moment avec remerciements et salu-
tations à l'excès.

Avant de partir, je dus, cependant, assister à une
cérémonie religieuse assez impressionnante : Tous
les sauvages entourèrent Deko en chantant une sorte
d'hymne pitoyable, tandis que deux femmes lui
lavaient les reins aux places où la dent du fauve
était entrée dans les chairs. Elles appliquèrent en
ces endroits diverses feuilles trempées dans je ne
sais quelle liqueur. Et toute la bande s'étendit sur le
sol, en suppliant l'Esprit du Feu, de la Terre et de
l'Eau de les protéger.

Je m'associai à ces chants en criant avec eux à
tue-tête... Et on me laissa partir !...

Deko me fit comprendre que nous avions à peine
deux heures de marche pour atteindre une lisière où
je trouverais des gens de ma race, « des hommes au
visage pâle ».

Je savais par expérience que, dans ces régions, le
crépuscule est presque nul. J'engageai mon compagnon à presser le pas. Nous suivîmes un étroit
sentier bordé de cocotiers et de ficus et, après plusieurs détours, nous arrivâmes à la lisière dans le
court délai que Deko m'avait promis.

XXVII

CHERCHEURS D'OR

Enfin, j'étais sorti de la forêt ! J'échappais à cet abîme terrible et sans fond où je craignais de demeurer à jamais enfermé. Le ciel, qui avait pris pitié de ma misère, m'avait tiré de cette prison merveilleuse. Devant moi, la savane s'étendait immense, faisant osciller les touffes d'herbes au soleil couchant. Des carbets de trappeurs et de chercheurs d'or s'alignaient par places irrégulières sur l'incommensurable lisière des bois. Je les reconnaissais aux lumières qui en éclairaient les fenêtres, et c'était sur la bordure de la forêt comme un chapelet d'étincelles qui serpentait avec des solutions de continuité et se perdait dans les ténèbres.

Arrivé devant l'une des cases, Deko frappa trois coups secs à la porte, un homme vint ouvrir.

C'était un blanc de haute taille, à la barbe courte et grisonnante, coiffé d'un large panama en feuilles de bananiers, vêtu de blanc, une lanterne à la main.

Il me fixa d'un regard perçant et je redoutais que son hospitalité ne fût pas celle que je désirais ; car je songeais aux lambeaux de hardes qui me restaient de mes pérégrinations à travers la forêt vierge !... Je n'avais plus de chaussures ni de coiffure ; mes coudes et mes genoux sortaient complètement de mes vêtements de toile. J'étais en haillons. Et chargé de mon hamac, ma carabine en bandoulière, ma gourde vide et mon bissac au côté, je ressemblais à un vagabond famélique, à un de ces gueux des grandes pampas, chemineaux des routes imprévues, qui disent la bonne aventure pour quelques sous.

L'homme me toisa rapidement et écouta sans défiance les quelques mots que lui dit Deko :

« Ces gens sont sans nul doute habitués à de pareilles aventures », me dis-je en moi-même, en le voyant qui m'invitait à entrer.

A l'intérieur, un désordre indescriptible. Des peaux de bêtes étalées partout, une grosse lampe fumeuse suspendue au plafond ; dans les coins, des carabines, des sacs d'approvisionnements et de munitions ; aux murs, des sabres, des haches, des cordages, des bissacs ; au milieu de la pièce, une grande table, autour de laquelle quatre gaillards jouaient aux cartes avec des pépites d'or pour enjeux... De temps à autre, deux ou trois nègres passaient verser aux joueurs des rasades de tafia dans des noix de coco... Tout cela au milieu de la fumée des pipes, des cris, des apostrophes, des coups de poings sur la table.

A notre entrée aucun des joueurs ne se dérangea ; mais un cinquième blanc que je n'avais pas vu d'abord se leva d'un coin où il venait de dormir et poussa un cri comme s'il me reconnaissait.

— Ah ! mais c'est monsieur Redon ! s'écria-t-il très nettement.

— Oui, répondis-je, timidement, plus mort que vif.

Qu'allait-il encore m'arriver, grand Dieu ! après tant d'avatars ?

— Je comprends que vous ne me reconnaissiez pas facilement, car nous ne nous sommes jamais parlé, en somme, mais nous nous sommes vus et cela suffit !

— Ah ! mais oui, fis-je en le reconnaissant, il me semble bien, en effet, que je vous ai rencontré.

— Certainement, à Albina !

Cette révélation fut un éclair pour moi.

— Oui, oui, m'écriai-je, avec le gouverneur et mon ami Fritz...

— Justement. Je suis Knot, le chercheur d'or, qui était témoin de votre joie lorsque le gouverneur vous promit de ne pas vous rendre.

Jamais je n'avais parlé à cet homme, puisque lors de la scène déchirante il était, on s'en souvient, resté impassible, le front collé au carreau de la fenêtre, mais la vue seule de cette figure et l'idée du moment qu'il remémorait me le rendirent sympathique immédiatement.

Je lui tendis les mains. Il les serra comme si nous avions été de vieux amis.

— Oui, reprit-il, je ne disais rien, habitué que je suis à en voir de toutes les couleurs. Mais vraiment votre cas m'intéressait. Voyons, comment êtes-vous venu ici ?

Je lui racontai mon exode terrible : la trahison de Jean, mon prodigieux voyage d'exploration dans la forêt vierge, ma réception chez les Indiens...

— Mais à mon tour, ajoutai-je, à vous poser une question : Je vous ai dit comment j'étais venu ici. Je ne serais pas fâché que vous me disiez où je suis ?...

— Ah ! répondit-il en souriant, il est certain qu'au moment où Jean vous a quitté vous vous êtes égaré. Mais une fois dans la Forêt Vierge la route que vous vous êtes tracée durant un mois était certainement la meilleure. Vous avez peu à peu gagné la direction des grandes lisières et c'est miracle que vous ne vous soyez pas enfoncé du côté contraire... Comment avez-vous pu vous frayer une route ?...

Je lui montrai mon pauvre sabre d'abatis qui maintenant avait l'aspect minable d'une longue scie hors d'usage !

Il sourit de nouveau.

— Vous êtes, continua-t-il, dans une bourgade de chercheurs d'or. Il y a ici des gens de toutes les nationalités : des Américains, des Français, des Espagnols, des Anglais, des Russes, même des Asiatiques. C'est un point de rendez-vous de trappeurs, de chasseurs et de chercheurs d'or.

Quand vous m'avez vu chez le gouverneur, qui est

un de mes amis, j'allais justement faire viser diverses pièces d'identité.

— Car, ajouta-t-il en jetant un coup d'œil significatif vers ses compagnons, il y a de tout ici... Vous comprenez ?...

— Ainsi donc, nous sommes ?...

— Exactement à quinze jours de marche au nord-ouest de la rive du Maroni... Vous voyez que vous n'avez pas, en somme, perdu beaucoup de temps... Où voulez-vous aller ?

— Mais à Paramaribo, par le wana-crique et les plantations de Nacaracibo.

— C'est justement là que je vais... Mais je dois profiter de ce que la saison des pluies n'est pas encore venue pour aller chercher l'or dans les bois, car vous savez que c'est ma profession. Si vous voulez nous suivre... Dans trois semaines nous partirons pour Paramaribo, je vous emmènerai et vous serez en complète sécurité pour y attendre votre père, s'il vient vous y chercher.

Je tombai des nues en entendant des paroles si réconfortantes... C'était le phare sauveur qui apparaissait à mon cœur désemparé... Secrètement je remerciai Dieu de m'avoir ainsi protégé.

On peut s'imaginer aisément que je ne fus pas long à accepter la proposition que Knot me faisait...

Nous nous assîmes. On servit un repas auquel Deko prit part lorsque je l'eus présenté.

— Je le connais, c'est un brave petit garçon, fit

Knot en lui donnant une tape amicale ; plus d'une fois, il m'a servi d'éclaireur et de limier... C'est un des nombreux enfants du chef de clan qui vous a reçu ; et le brave petit homme ne se doutait pas qu'il vous conduisait à moi en vous guidant vers les « visages pâles ».

Nous mangeâmes de bon appétit. Deko dévorait ; il raconta ensuite l'histoire de notre rencontre.

Quand il eut fini on lui fit un lit de feuilles sèches ; il s'y coucha, et le lendemain matin prit congé de nous et rentra au clan.

— Vous étiez tombé dans une tribu très redoutable, me dit Knot, pendant que le jeune homme dormait ; mais, par bonheur pour vous, elle n'est pas anthropophage. Ces gens sont en revanche d'une cruauté peu commune pour leurs ennemis, ainsi que vous avez pu en juger par leurs trophées. Il arrive même souvent qu'ils s'attaquent à des blancs... On les appelle les Houks-Houssas... Pour moi, je les connais fort bien et jamais je n'ai eu d'ennuis avec eux.

Nous partirons demain pour les bois, ajouta-t-il. Pour le moment, avant de vous coucher, je vous conseille d'écrire à votre famille pour la prévenir de la date de notre arrivée à Paramaribo.

— J'allais justement vous prier de vous charger de faire parvenir mon courrier... Vraiment ma lettre pourra partir ?

— Mais certainement !

J'écrivis rapidement ma nouvelle situation à mes

pauvres parents, car, depuis mon évasion, je n'avais écrit que deux fois. Une fois d'Albina, une autre du Degrad-Dewis. Il était, dans les autres endroits où j'étais passé, impossible d'expédier aucune correspondance.

Quand j'eus fini, Knot mit ma lettre avec un paquet des siennes et, appelant un de ses nègres, lui dit quelques mots dans une langue inconnue de moi.

— Voyez-vous, me dit-il, demain matin ces lettres seront remises à un courrier spécial qui part des lisières deux fois par semaine à dos de mules. D'ici dix jours, elles seront à Albina et de là transportées par un petit vapeur jusqu'à la côte, où le paquebot qui fait escale viendra les prendre pour l'Europe. Dans moins de quarante-cinq jours votre missive sera en France. Et maintenant au lit, conclut-il en se levant.

Nous tendîmes nos hamacs dans une pièce voisine et nous nous couchâmes : ce fut une de mes meilleures nuits.

Je dormis neuf heures.

Il me semble utile, avant d'aller plus loin, et pour l'intelligence chronologique du récit, de donner ici la reproduction des deux principales lettres (1) que j'écrivis à mes parents. L'une datée du Haut-Maroni le 9 juillet 1890, l'autre écrite des lisières le 28 juillet de la même année.

____

(1) Le texte est intégralement respecté.

« Haut-Maroni, 9 juillet.

» Bien chers parents,

» Dieu merci, je suis sauvé ! Cependant tout n'est pas fini. D'ici quelque temps je serai à Paramaribo, capitale de la Guyane hollandaise. Je supplie mon cher père, dès qu'il saura que j'y suis arrivé, de venir m'y chercher, sans cela on me rendrait à la France.

» Ah ! je n'exigerais pas ce surcroît de sacrifice si le cas n'était pas urgent. Cher père, dès que tu auras reçu une seconde lettre te disant que je suis en route pour Paramaribo, n'hésite pas, il y va de la liberté et de la vie de ton pauvre Charles que tu as vu traîner à la place d'un autre sur le banc d'infamie et condamner comme le dernier des misérables.

» J'ai tort de te dire cela, de raviver tes douleurs ; je sais que tu viendras sans tarder.

» Il y a plusieurs lignes de paquebots en partance :

» Un courrier hollandais passant au Havre vers le 15 de chaque mois et qui se dirige directement à Surinam ou Paramaribo (ce qui est la même chose).

» Un courrier anglais partant à des époques non fixes.

» Un courrier français partant le 10 de Saint-Nazaire ; par celui-là tu changeras de bateau à Fort-de-France (Martinique) et tu prendras ton billet pour Surinam (Paramaribo).

» Il est probable que nous nous trouverons au débarcadère ; en tous cas tu descendras à l'hôtel Van Emdem (Watermolenstraat).

» Aussitôt reçu cette lettre, prie M. P. d'écrire à M. Makintosch, commissaire-commandant à Albina (Guyane hollandaise), pour le remercier des bontés qu'il a eues pour moi, tu joindras quelques lignes ; je suis sûr que si tu connaissais par le détail tout le bien qu'il a fait à ton pauvre fils, c'est tout un volume que tu lui écrirais.

» Que personne à Moulins ne connaisse ton projet de voyage.

» Munis-toi d'effets de flanelle et d'alcool de menthe. Ne redoute pas trop le mal de mer. Mais que vais-je dire là ! Que craindrais-tu de braver pour ton pauvre Charles ?

» Embrassez bien ma sœur et croyez, chers parents, aux sentiments affectueux de votre dévoué

» Ch. Redon. »

« 28 juillet 1890.

» Je suis en ce moment dans les bois avec M. Knol, un ami de M. Makintosch ; il est entrepreneur d'exploitation de placers d'or.

» En sortant de la forêt, j'ai eu la bonne fortune de le rencontrer. Il m'a pris avec lui pour l'aider dans ses excursions. Dans une semaine ou deux nous partirons pour Paramaribo. Nous y serons à peu près sûrement à partir du 15 septembre, dans tous les cas.

» Je dis cette date par mesure de prudence, car à différentes reprises la fièvre fait de nouvelles apparitions dans mon pauvre organisme tant éprouvé par la vie atroce qu'on m'a fait mener. |

» Cher père, avant de partir, n'oublie pas de te munir d'une paire de lunettes à coquilles bleues, car, en montant sur le pont, tu courrais le danger d'être atteint par l'ophtalmie si fréquente pour les européens. Ce n'est pas fort inquiétant à proprement parler, mais aussitôt que le soleil est couché, on devient aveugle pour une bonne semaine, jusqu'à ce que les yeux soient accoutumés à la réflexion du soleil dans l'eau. N'oublie pas aussi de te munir d'un parasol, c'est un complément indispensable.

» C'est tout ce que je puis écrire ce soir, je suis exténué de fatigue par mes courses inimaginables dans les bois. A bientôt l'immense bonheur de vous serrer dans mes bras.

» Votre fils dévoué qui vous embrasse du fond du cœur.

» Cii. Redon. »

Au réveil, après la nuit passée dans les carbets des lisières, nous nous mîmes en route avec Knot. La petite caravane se composait de nous deux et de quatre nègres chargés comme des mulets. Nous marchâmes toute la journée, nous arrêtant à peine pour prendre quelque nourriture.

A un moment, Knot se trouvait à une centaine de mètres devant nous, dans une légère éclaircie du bois : nous l'apercevions à peine à cause des hautes herbes, lorsque nous entendîmes soudain deux coups de feu, suivis d'un cri sauvage et d'une telle violence que toute la forêt en retentit.

D'un même mouvement, les nègres et moi, nous jetâmes les bagages à terre et, le sabre à la main, nous bondîmes dans la direction de Knot. Nous l'aperçumes ayant à ses pieds un énorme cochon-marron (1), qu'il venait de transpercer de deux balles.

Nous dépeçames aussitôt le gibier et ne pouvant l'emporter en entier, nous prîmes les meilleurs morceaux, abandonnant le reste aux jaguars qui, sûrement, ne tarderaient pas à en sentir l'appât, et nous continuâmes notre route.

Décrire les difficultés de notre voyage serait impossible. Il fallait franchir d'énormes arbres tombés en travers du chemin, pénétrer dans des ravins herbeux au risque de nous y enfoncer, escalader des collines dont le sol argileux se dérobait sous nos pas, ou traverser des rivières, en entrant dans l'eau jusqu'aux épaules.

Enfin, il faisait presque nuit lorsque nous arrivâmes à un endroit où il y avait deux ou trois carbets en ruine. Nous étions harassés. Néanmoins, nous dûmes travailler à réparer une des cabanes. Cela fait, nous fîmes cuire quelques aliments.

(1) Espèce de sanglier des tropiques, plus gros et plus redoutable que celui d'Europe.

Je dormis peu dans ce carbet ouvert à tous les vents, au milieu des cris terribles des fauves et protégé seulement par deux feux qu'il fallait maintes fois raviver.

Le lendemain fut consacré au repos. Knot avait un accès de fièvre et quant à moi, je ne pouvais remuer ni bras ni jambes, tant la courbature m'étreignait.

Les noirs se mirent à chasser et rapportèrent quelques animaux qu'ils avaient pris au moyen d'une trappe volante, ainsi que des fruits nommés « canaries-macaques », ou pommes de singe. Ces fruits sont vraiment excellents et ont une forme des plus bizarres. Figurez-vous une boule avec un petit cupule à la partie supérieure et formant couvercle. Il faut exécuter de véritables ingéniosités de mécanique pour le décortiquer. Les singes savent bien où la pression doit s'exercer et soulèvent le cupule le plus facilement du monde avec leur pouce. Nous, au contraire, nous étions obligés d'employer des pierres ou des morceaux de bois et nous ne réussissions qu'à briser le fruit.

L'intérieur de cette boule est rempli d'une véritable confiture que le plus adroit de nos fabricants ne saurait imiter.

Mais, comme toutes les bonnes choses, ces fruits ont leur mauvais côté et leur propriété laxative entraîne la faiblesse et l'anémie.

La nuit se passa de même que le jour : avec l'incessante sérénade des fauves, des oiseaux et des singes. La fatigue s'était emparée de moi au point qu'après avoir jeté plusieurs morceaux de bois dans le feu, je ne tardais pas à m'endormir profondément en songeant avec délices à mon prochain retour au milieu de ma famille bien-aimée.

Le lendemain, vers les six heures, nous nous mîmes en route dans des parages complètement inconnus. Nous marchions maintenant à la boussole, droit devant nous, coupant des lianes, traversant des ruisseaux très profonds.

Parfois des caprins, sortes de chèvres sauvages qui tiennent à la fois de l'antilope et de la gazelle, surgissaient devant nous de quelque fourré. Il arrivait souvent que nous atteignions un de ces animaux d'un coup de fusil, ce qui augmentait nos provisions.

D'autres fois, de hideux serpents d'une grosseur et d'une longueur prodigieuses, effrayés par notre approche, se sauvaient dans les herbes. Mais les sauvages me rassuraient. Ils m'expliquaient que fort rarement ces reptiles attaquaient l'homme à moins d'avoir été foulés ; que, dans ce cas, il fallait, sans attendre le redressement du monstre, lui trancher le cou ou le corps avec le sabre d'abatis et cela de gauche à droite, parce que de cette façon ils ne pouvaient mordre en se défendant. Ils m'indiquèrent aussi les diverses herbes spécifiques pour guérir de la morsure des serpents.

Il était six heures du soir et l'obscurité était encore rendue plus épaisse par le feuillage ténu et opaque de la forêt, lorsque nous arrivâmes à un certain point où nous vîmes, au croisement de deux ruisseaux, l'écorce d'un arbre enlevée en croix de Saint-André.

Knot donna un coup de sifflet et annonça que nous étions arrivés à destination. J'étais réellement épuisé, j'avais les épaules brisées par le poids des bagages. Mais le travail n'était pas fini. Il fallait maintenant construire le carbet, que dis-je, les carbets! Car il nous fallait élever un véritable petit hameau.

Ce travail dura de longs jours; après quoi il nous fallut nous mettre plus spécialement au travail dit « de l'or » et particulièrement le *tracé*.

Voici en quoi consiste ce dernier.

Il s'agit de décrire, en abattant des végétaux, un espace variant entre six cents et mille mètres carrés. Ce chemin limite forme le mur du futur « placer » qu'on va exploiter et qui est religieusement respecté par les coureurs de bois.

On procède ensuite à la *prospection*.

L'or se découvre dans la terre de deux façons : soit en faisant l'extraction d'un filon dans le sein d'une roche, moyen qui n'est pas employé dans ces pays à cause des frais immenses qu'il nécessite; soit en remuant la terre au moyen de battes au bord des ruisseaux et en découvrant des paillettes ou pépites. Ce système est fort simple et très usuel. Mais pour reconnaître les terrains qui renferment le métal précieux il est nécessaire de se livrer à des investigations préliminaires et c'est ce qu'on appelle la prospection.

Pour cela, on s'établit sur le bord d'un ruisseau que l'habitude permet de juger s'il peut « rendre » ou non; et l'on creuse un trou au moyen de la pioche, de la pelle et aussi du sabre, pour couper les racines des arbres. L'excavation a exactement la forme d'une fosse de cimetière. La profondeur varie jusqu'à ce qu'on ait trouvé la « glaise ». C'est dans cette stratification que se trouve l'or. Cette couche peut demeurer à 50 centimètres comme aussi à 6 et 8 mètres de fond.

Le travail en lui-même n'est pas très pénible, mais ce qui est à redouter, ce sont les émanations putrides et nauséabondes, les miasmes méphi iques qui s'exhalent de ces terrains gras et qui n'ont jamais été remués. Toutes les pluies séculaires et les substances végétales, animales et minérales qui s'y trouvent y ont formé une espèce de fermentation.

C'est là que j'ai contracté le germe de la fièvre paludéenne; de cette maladie terrible et sournoise à la fois dont je ne guérirai peut-être jamais...

Peu de jours après avoir pris part à ces travaux, le mal affreux me terrassa. Je dus garder la chambre et ne plus sortir du carbet.

Que de souffrances j'endurai pendant ces jours-là! Pendant longtemps, je ne pus prendre que des médicaments et quelques sucs de fruits!... Un matin, je me souvins que c'était la fête de ma chère sœur et malgré ma triste situation, je n'oubliai pas mes devoirs de famille. J'avais fabriqué moi-même un petit calendrier pour me guider et je me souvenais qu'en des jours heureux, jadis, nous nous réunissions pour célébrer sa fête.

Bien qu'à deux mille lieues de ma chère sœur, je ne l'oubliai pas et seul, étendu sur mon lit, avec plus de ferveur que les autres soirs, je reportai mes souvenirs vers la France.

Le lendemain, je fus assez bien, quoique d'une extrême faiblesse, et, comme je goûtais un peu de sommeil, accablé par la chaleur, je fus réveillé en sursaut par un nègre qui poussait de grands cris à quelque distance du carbet.

Ne sachant de quoi il s'agissait, je me levai d'un bond et je vis le noir qui ouvrait d'énormes yeux blancs en faisant mille contorsions et m'invitant à regarder derrière moi.

Je me retournai et je vis avec épouvante, à la tête de ma couchette, suspendu à la toiture par la queue, un énorme serpent blanc, noir et rouge, nommé « sapakara » par les indigènes et dont la blessure est mortelle. A peine l'eus-je aperçu que je me sauvai du carbet rejoindre le noir qui était plus mort que vif... Il est singulier de constater que ces gens, qui vivent en contact permanent avec ces animaux, en ont une peur plus grande encore peut-être que les Européens.

Nous nous décidâmes à nous approcher un peu, armés de solides bâtons ; le noir lança le sien d'une certaine manière et brisa les vertèbres du reptile, qui tomba à terre avec mille contorsions et mourut.

J'eus quelques jours après une autre rencontre du

même genre avec un serpent « grage », appelé aussi *warapa* par les sauvages ; il se promenait dans le carbet en se redressant pour sentir la caisse des vivres. Il avait une peau admirable, jaune d'or, noir et blanc. Je savais que sa blessure était terrible et que seuls les anthropophages du sud des Guyanes, les « Trios et les Oyacoulets », en connaissent le remède.

C'était un de ces reptiles assez communs dans la Guyane française et qu'il est fort difficile de détruire, tant il est agile... J'essayai de le frapper, mais il se sauva rapidement du carbet et disparut dans les herbes.

Faut-il ajouter, pour clore la liste interminable des hôtes de ces régions, les *couparis* plus gros que les chiques et qui s'enfoncent dans les chairs, et les martingouins, sorte de moustiques dont la piqûre s'enflamme et forme une véritable plaie ?

Quelques jours après ces incidents, nous nous remîmes en route, nous arrêtant le soir seulement. La fièvre me tourmentait toujours mais je devais penser à me rapprocher de Paramaribo et je faisais tous mes efforts pour résister. Le soir il arrivait souvent que les nègres rapportaient des oranges et des cannes à sucre, et c'est en suçant ces fruits que j'apaisais le feu qui me dévorait intérieurement.

Enfin, nous atteignîmes le *Wana-Crique*, c'était le 20 août 1890. Nous nous munîmes de pirogues chez les nègres et commençâmes à pagayer dans la direction de Nakaracibo et Paramaribo. Nous eûmes d'énormes difficultés, car ce cours d'eau, qui est parallèle à la côte, fait d'énormes méandres et est difficilement navigable.

Le soir, nous débarquions et allions passer la nuit dans les bois pour repartir le lendemain. Enfin, nous arrivâmes aux plantations de la *Paix*. Nous y passâmes la nuit et repartîmes le lendemain matin à quatre heures, afin de profiter de la marée.

XXVIII

NAKARACIBO

Nous arrivâmes à Nakaracibo le 24 août. C'est une des premières étapes heureuses de ma vie d'évadé.

Les nègres accostèrent la pirogue au warf et Knot sauta à terre, se dirigeant vers l'habitation du planteur. Il eût préféré aller directement jusqu'à Paramaribo, mais j'étais dans un tel état qu'il m'était impossible de prendre aucune nourriture. Le foie et la rate étaient enflammés. Il me semblait absolument que je soufflais du feu.

Quelques minutes après que l'embarcation eut accosté, Knot revint accompagné d'un créole d'une trentaine d'années aux manières distinguées et parlant quelques mots de français. Il donna l'ordre aux noirs de me transporter dans une case qu'il désigna et nous suivit.

Entre les maisons qui bordaient les champs de

canne à sucre, de poivriers et de caféiers, on se mit en chemin. Je voulus, à l'arrivée, me dresser sur ma civière. Impossible. Je retombai lourdement, tant ma faiblesse était grande.

Quand je revins à moi, j'entendis le créole dire des paroles rassurantes : « Ce n'est pas grave. Beaucoup d'abattement, mais aucun danger immédiat... » Il me fit respirer un flacon d'éther et je me sentis mieux. Puis il me posa quelques questions; je dus faire effort pour répondre.

Je lui fis connaître mon nom, mon âge, ma nationalité. Enfin, le créole m'ayant demandé :

— D'où venez-vous? Avez-vous des papiers?

Je répliquai loyalement, avec mon instinctive haine du mensonge et de la dissimulation :

— Je suis évadé de la Guyane ! Je veux aller en Europe pour y rejoindre les miens et obtenir la réparation éclatante à laquelle j'ai droit. Mes seuls papiers sont les lettres de mes pauvres parents et mon acte de naissance.

— Faites voir, dit simplement mon interlocuteur.

Je lui présentai les feuilles jaunies et chiffonnées. Il les examina avec une attention minutieuse.

— Hélas ! reprit-il, tout cela est insuffisant. Vous n'avez aucun document établissant, justifiant votre état de liberté. En vous gardant, j'encourrais une responsabilité des plus lourdes. Je suis capitaine de police du district. J'ai des devoirs rigoureux mais impérieux. Je les remplis sans brutalité, mais sans hésitation. Je suis dans l'obligation absolue, inéluctable de vous mettre entre les mains des autorités pour que vous soyez reconduit sur le territoire français.

Sur le moment, le heurt fut si violent, le choc si douloureux, que je ne pus balbutier un mot. Je fermai les yeux, je sentis un frisson glacé s'emparer de mon être, je tremblai convulsivement. La fièvre allait-elle me reprendre? Et toute l'énergie dépensée aboutirait-elle à ce résultat stupide?...

Par un miracle de volonté, je repris possession de moi-même. Je me raidis contre le désespoir. Je surmontai l'épouvante qui tentait de m'accabler et de me réduire au silence, de paralyser ma langue et mon cerveau. Je m'écriai :

— Je vous en prie, monsieur! Je touche au port. J'atteins le but! Je suis presque sauvé après combien de luttes, de déchirements!... J'ai été injustement condamné, injustement flétri, injustement martyrisé... J'ai connu la honte d'une sentence terrible et l'ignominie du bagne! Je suis innocent... J'ai tout supporté pour retrouver ma famille, pour reconquérir mes affections et mon honneur! Et vous parlez de me livrer!...

Je suis malade, bien malade, peut-être près de mourir... Mon père viendra peut-être trop tard pour me fermer les yeux! Mais, de grâce, accordez-moi d'expirer loin de cette terre d'esclavage où s'est abîmé mon cœur!

Je ne pus en dire plus... L'entretien fut interrompu par l'entrée d'une personne dont la seule vue m'illumina d'une espérance. Une femme, un ange.

Elle était vraiment belle, et parlait le français, le hollandais et l'anglais avec une grande pureté, avec une voix délicieuse aussi. Blonde, nuance rare chez les créoles ; des yeux d'un noir de jais, rêveurs et caressants, elle se nommait Marie. La taille svelte et élégante se cambrait dans un peignoir bordé de fines dentelles. La démarche avait une distinction qui allait jusqu'à la majesté. Je fus profondément impressionné, dès l'abord.

Elle interrogea son mari en anglais et lui demanda ce qui se passait.

En quelques paroles, dans le même dialecte, celui-ci mit sa compagne au courant de ma situation, et lorsqu'il eut fini elle se tourna vers moi et me dit d'un ton qui me remua le cœur :

— Pauvre jeune homme !... Vous êtes Français ?

Je répondis par un signe de tête, levant vers elle des yeux suppliants.

— N'avez-vous pas sur vous quelques papiers indiquant qui vous êtes ? poursuivit-elle, car vous paraissez de bonne famille.

— Non, répondis-je, je n'ai que des lettres et de plus j'ai ici caché sur ma poitrine le portrait de mon père, celui de ma mère et de ma sœur...

— Faites voir !

Je retirai alors un petit étui en fer blanc dans lequel je tenais enfermées ces chères reliques.

Elle les contempla longtemps avec une visible

émotion, s'arrêtant surtout sur celui de ma mère.

Puis laissant tomber ses bras, elle s'écria :

— Pauvre femme, pauvre mère, combien doit être grande sa douleur !

Enfin elle se retourna vers son mari et reprit avec lui sa conversation. Je vis alors l'homme me regarder avec plus d'intérêt qu'il ne l'avait fait tout d'abord. J'ai dit que de mon bagage d'école il me restait encore un peu d'anglais dans la mémoire et je compris bien que cette bonne fée plaidait ma cause avec chaleur.

— Albert, dit-elle, regardez ce jeune homme, je vous assure qu'il est de bonne famille et de bonne éducation. — Je suis sûre qu'il est innocent du crime dont on l'a accusé. D'ailleurs, son père viendra le chercher, vous a-t-il dit. Nous ne pouvons pas faire que cet homme ait la douleur de ne plus retrouver son enfant. Allons, reprit-elle d'un ton énergique, gardons-le et que ce soit fini.

Albert Curiel, le jeune créole, aimait éperdument cette adorable femme qui, à peine âgée de vingt-deux ans, lui avait déjà donné deux enfants, gracieux comme des chérubins, vivants portraits de l'exquise créature. Albert fut fléchi par tant de douceur et d'insistance.

— Maintenant, dit-elle en français, souriante, maintenant que j'ai gagné mon procès, vous pouvez vaquer à vos occupations et me laisser avec ce pauvre jeune homme ; il me paraît très malade et je veux le soigner moi-même.

Comme elle me disait ces mots qui m'allaient droit à l'âme, Knot entra. Il venait me dire adieu, me laissant quelques objets, entre autres son hamac, que j'ai toujours conservé pieusement, comme une relique.

Il sortit avec la créole et une heure après il poursuivait sa route vers Paramaribo, où il dut arriver deux jours après.

Je ne l'ai jamais plus revu et lorsque, pendant ma convalescence, je montai à Paramaribo, j'appris qu'il était reparti dans les bois à la recherche de l'or... J'aurais certainement eu le plus grand plaisir à serrer la main de cet homme loyal, brave et bon ; aussi mes vœux les plus ardents de bonheur l'ont toujours accompagné dans sa vie aventureuse.

Marie — c'est avec respect que je prononce ce nom, familièrement ! — Marie ne se borna point à plaider ma cause : elle s'institua mon ange gardien. Elle fut un médecin, un confesseur et une sœur de charité, — une amie dans l'acception la plus immense et la plus pure que l'on puisse donner à ce mot doux et simple.

Elle m'imposa, d'une façon charmante, avec une angélique bonté, des exigences auxquelles je m'empressais d'obéir, tout baigné de bonheur.

En dix circonstances, je pus sonder la profondeur de son dévouement. Elle avait des attentions filiales et des tendresses maternelles. Elle m'isola dans une chambrette, m'expliquant, avec mille expressions ravissantes, l'ennui qu'il y aurait pour moi de demeurer au contact des gens qui sommeillaient dans la case commune.

J'appris un peu plus tard qu'il y avait trois autres évadés, qui, ayant réussi à venir jusque-là, par la mer, travaillaient à la culture du cacao dans la plantation où le hasard m'avait amené.

C'était pour moi une compagnie que je voulais, que je devais fuir.

Après m'avoir fait préparer un bain par une négresse, elle me fit donner des vêtements propres et tendre mon hamac pour me reposer. Quelque temps après, elle m'apporta un bol de bouillon et un verre d'excellent vin qu'elle-même me fit prendre en me soutenant la tête sur son bras.

Je croyais être au paradis et c'est bercé des visions les plus douces que je m'endormis profondément.

Combien de temps dormis-je ainsi dans ce moelleux hamac ? je n'en sais rien. Tout ce que je puis dire, c'est qu'à mon réveil, l'ange qui m'avait sauvé était assis près de moi dans une berceuse. Dès que je fus éveillé, Marie quitta la tapisserie à laquelle elle travaillait et accourut près de moi me demander si je me sentais mieux.

— Presque guéri ! lui dis-je. Mais comment m'acquitter jamais envers vous de tant de bontés ?

— Je ne mérite pas cette gratitude, répondit-elle. J'aime avant tout votre patrie. Mon père était Français. Il y a longtemps qu'il vint s'établir dans ce pays... J'aime tous les malheureux. Mais je me dévoue avec un plaisir plus grand encore quand il s'agit d'un enfant de France... Ayez confiance, Charles...

C'était la première fois qu'elle prononçait ainsi mon nom.

On ne saurait s'en étonner, la coutume du pays est de dénommer chaque personne par son prénom. Le même usage existe en Espagne et en Portugal.

Au bout d'une huitaine de jours, je pus me lever, quoique me sentant toujours très faible.

Toutefois la fièvre avait changé, elle était devenue très régulièrement « tierce », c'est-à-dire qu'elle se révélait par alternance de vingt-quatre heures.

Albert me dit alors que, désormais, je pourrais aller travailler à cultiver les cacaoyers avec les autres, sans me forcer, en ne faisant que ce que je pourrais ; mais sa femme s'y opposa formellement et ne voulut pas me voir mettre les pieds au soleil avant le complet rétablissement.

Le mari, de nouveau, se conforma au désir gentiment exprimé par sa compagne, mais comme il me paraissait d'un caractère assez soupçonneux et jaloux, je pensai que mon séjour continu auprès de sa femme, même pendant ses absences, pouvait le troubler d'inquiétudes.

J'étais décidé à faire tout le possible pour prouver ma reconnaissance à ces braves gens. J'avais l'impérieux devoir de leur éviter le moindre ennui.

J'aimais et je vénérais cette belle créole comme la Providence elle-même, et au sentiment de gratitude inaltérable que j'avais pour elle se mêlait un sentiment d'admiration.

Je proposai à Albert de quitter le logis proprement dit et d'entrer dans ses bureaux pour faire sa comptabilité. Il fut si content de mes efforts qu'au bout de quelques jours il me donna la haute direction de la « vente ».

On appelle ainsi, dans ces contrées, un corps spécial de bâtiment, qu'on désigne aussi sous le nom de *cantine*. Ces services sont de véritables bazars où les chercheurs d'or, aventuriers, planteurs, voyageurs, viennent s'approvisionner. On y rencontre assemblés les objets les plus hétéroclites : fusils, revolvers, sabres d'abatis, maroquineries, objets de toilette, hamacs, provisions, conserves de toute sorte.

Je fis tout le nécessaire pour mériter la confiance dont j'étais l'objet et dès lors Albert put aller passer ses journées dans ses plantations, sans avoir aucune crainte au sujet de son petit commerce. Le soir, après la fermeture, je portais le produit de la vente à Marie qui contrôlait le livre, inscrivait et présentait le tout à son mari, dès l'arrivée.

Ils savaient tous deux qu'ils pouvaient avoir foi en ma probité et je m'employais moi-même à défendre leurs intérêts avec plus de chaleur que s'il se fût agi des miens.

Dès que je m'apercevais de quelques fraudes commises par les noirs, je les réprimais immédiatement, sans injuste rigueur, mais aussi sans faiblesse.

La nuit, je couchais dans une petite pièce attenant au magasin et où j'avais tendu mon hamac, constamment, auprès de moi, un fusil chargé et un sabre d'abatis ; car dans ces régions les dévaliseurs sont légion.

J'avais également avec moi un jeune chien dressé à la garde ; mais jamais je ne fus l'objet d'aucune attaque.

Ainsi je passais une vie paisible, savourant doucement cette accalmie après tant de terribles étapes. J'attendais avec confiance les événements, lorsque la fièvre opiniâtre et féroce qui me guettait sans relâche fit un de ces retours offensifs contre lesquels fort peu d'Européens ont le bonheur de s'abriter.

Il me fallut interrompre mon travail et regagner le hamac. Chaque soir, les accès me revenaient, terribles, presque foudroyants, me clouant sans mouvement, m'étreignant la poitrine, oppressant mon souffle.

Un matin, il arriva à la plantation une bonne vieille créole, amie de la famille d'Albert. Elle connaissait la vertu de toutes les plantes du pays et entreprit la tâche ardue de me guérir. Elle me soigna avec tant de douceur que je la surnommai « good mother » (grand'maman).

Deux fois par jour, elle me faisait prendre dans un verre de tafia vingt-quatre gouttes d'une liqueur inconnue, d'une force telle qu'après l'absorption, je restais plusieurs minutes dans une sorte d'étourdissement. J'ingurgitais ensuite un autre médicament qui était fait, je crois, de carbonate de fer, de rhubarbe, de poivre et de genièvre.

Je sentis un léger mieux au bout de quatre jours de ce traitement. De plus, dans le but de prévenir un accident fébroïforme qui s'appelle là-bas « le coucou », la vieille créole me frictionnait chaque soir la poitrine avec du tafia dans lequel elle faisait macérer des clous de girofle, des grains de poivre et de la cannelle. La circulation du sang ne pouvait manquer de s'activer, grâce à ce liniment énergique, mais la fièvre tenace ne me lâcha point. On appela alors un nègre nommé Jenny, réputé dans toute la région par ses cures extraordinaires.

Celui-ci, après force auscultations, déclara que l'estomac seul était atteint. Son traitement fut encore plus singulier que celui de la bonne vieille ; il mérite d'être signalé ici.

Deux fois par semaine, il me faisait mettre nu jusqu'à la ceinture, les jambes bien tendues et les bras en croix ; il me frictionnait alors à en perdre haleine, avec de l'huile de coco. Après cela, il m'enlevait par les deux oreilles, ou me soulevait par les poignets. Je ris encore en pensant aux grimaces bizarres que je devais faire pendant ces opérations thérapeutiques d'un genre si nouveau pour moi !

M'ayant fait exécuter différents tours de force, il m'enveloppait le buste dans d'énormes feuilles qu'il prenait dans un marécage voisin. Toute cette verdure me dépassait la tête d'au moins vingt-cinq centimètres. J'avais l'air d'un véritable chou ambulant et, lorsque je voulais manger, j'étais contraint d'écarter toute cette végétation pour conduire les aliments au chemin de ma bouche.

Quelque temps après, je ressentis un mieux sensible, mais il demeura peu et je ne tardai pas à retomber dans l'état primitif.

Ces braves gens étaient désespérés de voir échouer ainsi les remèdes que, jusque-là, ils avaient cru infaillibles. Ils ne comprenaient pas qu'ils pouvaient être efficaces pour un naturel ou un créole, mais qu'ils devenaient impuissants pour un adulte européen qui venait de passer par d'épouvantables épreuves.

Le mal me reprenait par intermittences. J'avais des heures de calme absolu. Je pus, sans être guéri, me lever et sortir de la case. Mes bons amis faisaient tous leurs efforts pour me procurer des distractions ; mais mon esprit voguait sans cesse pour la France.

J'étais harcelé par l'inquiétude.

Qu'étaient devenues les lettres adressées aux miens ? J'avais écrit, récemment depuis mon installation ici, une troisième épître à Moulins, donnant toujours rendez-vous à mon père à Paramaribo, hôtel Van Emdem, et mentionnant mon changement de situation.

Je prenais bien garde de trop effrayer ma famille au sujet de ma santé.

*
* *

Albert et sa femme partirent deux fois au bord de

la mer, distante de huit heures de canotage de Nakaracibo. Ils s'y rendaient en remontant le Maï-Krique, en pirogue. Je restai seul gardien de toute leur plantation, ne me sentant point la force de les suivre.

Albert, du reste, avait mis en moi la plus grande confiance, et comptait sur ma surveillance pour que tout se passât chez lui en bon ordre. Il ne fut point trompé dans ses espérances, et revint chaque fois émerveillé de l'achalandage de sa boutique et du soin que j'avais pris des travaux de ses champs.

Depuis mon retour d'Europe, d'ailleurs, il n'a cessé de m'écrire pour me prier de retourner auprès de lui (1).

Je lui dois une reconnaissance sans borne, il est vrai ; mais je me dois d'abord à ma famille que je ne veux pas quitter. Puis, l'Amérique réveille en moi de si douloureux souvenirs que je n'ai nullement envie de revoir ce pays, même comme « homme libre »...

Après ma réhabilitation, on verra...

Le 24 septembre, me trouvant un peu mieux, et comptant que mon père arriverait par le courrier du 28, je fis effort sur moi-même. Je proposai à Albert de l'accompagner dans une plantation où il

(1) Toutes les lettres du planteur figurent dans le dossier de Redon.

se rendait et appartenant à un de ses amis. Cette propriété était située sur le bord de la mer, non loin de Paramaribo.

Nous partîmes ensemble — lui, sa femme et moi — après avoir fermé soigneusement toutes les portes. Il était sept heures du matin. Grâce à la marée descendante qui nous favorisait, nous arrivâmes à trois heures de l'après-midi.

Nous passâmes un jour et demi en fête, chassant et tuant une quantité innombrable de *courlans* et de *flammants* aux plumes écarlates.

Je pris quelques-unes de nos plus belles dépouilles opimes dans le but d'en faire présent à ma sœur pour orner ses chapeaux.

Le 26 septembre, au matin, nous reprîmes la Krique pour retourner à la plantation de son ami, où nous arrivâmes le soir même. Albert voulait repartir de suite pour Paramaribo, afin d'arriver avant le paquebot, mais les hommes qui avaient conduit la pirogue — et nous-mêmes — étions si fatigués que nous résolûmes de passer la nuit à nous reposer.

J'en arrive aux journées des 27 et 28 septembre 1890.

XXIX

LE « SALVADOR »

Ce paquebot tout en étant français porte, comme cela arrive quelquefois, un nom étranger.

En espagnol, « salvador » veut dire sauveur. C'était un mot d'heureux augure. On annonçait l'arrivée du steamer français pour le 28, nous avions juste le temps de nous rendre à Paramaribo ou Surinam qui, je l'ai déjà dit, n'est qu'une seule et même ville.

Le 27 septembre, à quatre heures du matin, nous nous levâmes et fîmes les préparatifs du départ.

Marie prit soin de mon bagage... Elle m'apprêta elle-même, selon la coutume créole, une valise garnie de trois costumes blancs. Elle s'inquiéta des moindres détails de mon voyage. Elle m'encouragea de son regard et de sa voix.

C'est les yeux mouillés de larmes — exquises larmes de gratitude, d'émotion et de joie ! — que je me mis en route, en compagnie d'Albert.

Plusieurs fois, je me retournai. Marie agitait son mouchoir.

Sainte créature ! Elle gardera, éternellement, une grande place dans mon affection et dans mon respect... Innocent arraché au foyer, à la vie, à l'honneur, « bagnard » d'hier, évadé d'aujourd'hui, j'avais rencontré, sur ma route, la suave personnification de la tendresse et de la grandeur d'âme, la consolatrice des amertumes éprouvées ; celle qui, avant que j'aie pu me précipiter dans les bras de mon père, semblait murmurer à ma détresse lamentable, à mon angoisse suprême : « L'espérance n'est pas morte ! Dieu reconnaît les siens ! »

Souffrance délicieuse ? Bonheur torturant ? Sais-je ce que j'éprouvais en ces minutes qui sont des siècles puisqu'elles sont du doute...

Nous approchions des bords du Rio-Cottica. Le mouchoir de la jeune femme n'était plus qu'un point blanc, un papillon ensoleillé dans le lointain vague. Nous longeâmes la rivière, qui dessinait une courbe. Et mon cœur bondissait d'allégresse et mon esprit éclatait de désolation...

J'allais à l'inconnu.

Mon père, mon cher père serait-il là ?... Dans quelques heures, peut-être — oh ! pourquoi « peut-être » ? — je le serrerais contre ma poitrine !...

C'en était peut-être — « peut-être », hélas ! — fini de la géhenne d'infamie !

Je trouvais d'inexplicables lenteurs à la pirogue où nous nous étions embarqués. Les pagayeurs me semblaient paresseux, inertes... Comme on voudrait aller vite, quitte à se rompre le cou, sur cette route qui conduit au bonheur.

Il restait une nuit à passer... Une nuit de tourments, — les tourments de la crainte!... Une nuit d'ivresse, — l'ivresse de l'espoir !...

Nous passâmes cette nuit-là chez un planteur, ami d'Albert. Je ne parvins pas à fermer les yeux. Je tentai de tromper mon impatience en m'échappant quelques heures de la plantation. Je marchai, je vaguai dans la forêt, monologuant, comme dans un délire, poursuivi par des visions étranges, rongé par la terreur ou figé par l'extase... Je voyais mon père, je lui parlais... Je lui narrais mon chemin du calvaire...

Et l'aube rose me surprit...

Je regagnai le gîte. Albert donna bientôt le signal du départ.

Nous avancions.

C'était le fort qui défend la ville à l'embouchure du fleuve Surinam ; c'étaient les fortifications dont le Rio baigne les pieds ; c'était, là-bas, le Salut...

Paramaribo !

Mes regards se portaient sur ces maisons si blanches entourées de la verdure des palmiers et des cocotiers avec, au loin, l'Océan immense qui soulevait doucement ses vagues d'émeraude.

Tout à coup, nous fûmes tirés de notre contemplation par un coup de canon.

Je pris la lunette, secoué par un tremblement convulsif. Dans la rade, au loin, tournant le warf, un paquebot allait jeter l'ancre et virait portant à l'arrière les couleurs de la France ! C'était le *Salvador !*

Instant indicible !...

Mon père, mon pauvre père était-il à bord ?

Albert fit accoster la pirogue et en quelques secondes nous étions à terre.

Nous courûmes, nous volâmes au port.

Je suivais avec une inquiétude que rien ne saurait exprimer tous les mouvements du vapeur français se balançant maintenant sur ses ancres.

Déjà il me semblait que j'avais vu tous les passagers massés sur le pont, que mon père ne s'y trouvait pas. Toutes les angoisses m'assiégeaient.

— Qui sait ? qui sait, me disais-je. Peut-être n'est-il pas venu ! Peut-être est-il là ! mais peut-être aussi ne me verra-t-il pas sur le port encombré de matelots et de chargements. Alors sûrement il me croira repris, ou mort dans les bois... Que fera-t-il, ne connaissant point la langue du pays ? Il va se perdre dans la ville et, comme il doit avoir de l'argent sur lui on le dévalisera...

Mais non, efforçais-je de me raisonner, dans quelques minutes il sera dans tes bras !

On jeta la passerelle. J'enveloppai d'un regard la foule qui se précipitait, pressée de débarquer.

J'étais assez près du bâtiment pour distinguer. Et je me disais : Je reconnaîtrais mon père entre mille...

Des voyageurs, des voyageurs encore, puis plus rien...

Je n'ai pas vu mon père.

Ah ! cette fois, ce fut comme un écroulement ! J'avais résisté, souvent non sans quelque vaillance, aux rigueurs imbéciles du sort ; j'avais opposé mon courage et mon espoir aux assauts de la fatalité.

Mais, aujourd'hui, je n'en pouvais plus ! L'imagination surexcitée, les nerfs malades, les tempes battantes, je me faisais les idées les plus noires et les plus sottes. J'en arrivais à m'interroger : Et s'il était tombé à la mer ?

J'avais eu assez de volonté, d'énergie pour attendre ce paquebot. Je ne saurais patienter jusqu'à l'arrivée du prochain... J'allais donc mourir sans avoir revu ma famille bien-aimée.

Et soudain mon cerveau se paralysait. L'air hébété, l'œil atone, je fixais la terre, sans une parole, sans un geste, sans une pensée.

Albert tentait de me réconforter.

— Attendez donc ! Soyez homme, que diable ! Je vais interroger un des chefs de la douane ; c'est mon ami. Il aura des renseignements, sans doute.

Heureuse inspiration. Le chef répondait, précis :

— Un monsieur, un Français..., âge mûr, taille ordinaire, fort plutôt... Oui, oui, je l'ai aperçu. Il est descendu à l'hôtel Van Emdem...

C'était lui... Il n'y avait plus à hésiter. Ce ne pouvait être que lui ! Et, pourtant, je ne pouvais manifester ma joie. Je restais immobile et silencieux, faisant si piteuse mine que le fonctionnaire me demandait :

— Êtes-vous malade? Vous paraissez tout défait...
Où avez-vous gagné cela ?

— Dans le bois, à la recherche de l'or.

— Vous êtes Français...

— Oui. J'attends un associé du placer.

L'homme semblait vouloir prolonger l'entretien,
qui prenait des tournures d'interrogatoire. Albert
me délivra. Il me tirait par la manche.

— Venez ! Courons à l'hôtel.

Déjà nous étions en route. Albert nous guida à
travers les rues. Je me sentais en proie au délire. Je
hâtais ma marche. Je croyais voir les gens me poursuivre et les entendre crier : « C'est lui, l'Évadé de la
Guyane française. Arrêtez-le ! » Et j'allais tomber,
à un détour, je chancelais déjà, lorsque je vis venir
à nous... mon père !

— Père ! mon pauvre vieux père ! Merci ! merci !

Les larmes me venaient aux yeux, m'inondaient le
visage. Mais mon père s'était dégagé de l'étreinte ; il
avait fait deux pas en arrière... Il prononça ces
paroles qui me déchirèrent :

— Je ne vous reconnais pas et je ne sais si ce que
vous me dites est vrai...

Il était écrit qu'aucun breuvage d'amertume ne me
serait épargné !...

Au moment de toucher au terme de mes souffrances, voici que celui qui m'aimait le plus au
monde, mon père lui-même, ne me reconnaissait
pas ! Oh ! qu'avais-je donc fait pour que le destin me
fût si cruel, si implacable dans sa férocité ?

Une idée vint à mon père :

— Approchez !

J'obéis.

Je portais à ce moment des favoris assez longs. D'une main fébrile, mon père les écarta sur la joue gauche pour voir une cicatrice qui s'y trouvait placée, puis une autre au-dessus de l'œil gauche. L'une résultant d'un coup de patte de chien et reçu dans mon enfance, l'autre d'un coup de pierre au collège.

A ces stigmates mon père poussa un cri.

Il me saisit dans ses bras et, fondant en larmes :

— Oui, tu es bien mon pauvre enfant, mon pauvre Charles, mon pauvre martyr !

Puis, entre les sanglots :

— Tu es tellement changé, pauvre enfant ; tu parais tellement malade ! Oh ! mon Dieu, que tu as dû souffrir ! Qu'ont-ils fait de toi, infortunée victime !

Pendant plusieurs minutes nous nous tînmes enlacés, si bien qu'Albert et le nègre qui accompagnait mon père et portait ses bagages pleuraient eux-mêmes et que plusieurs personnes s'étaient arrêtées pour contempler cette scène émouvante.

Albert nous rappela à la réalité.

— Mes amis, proposa-t-il, allons à l'hôtel ; n'attirons point l'attention, car nous ne sommes pas tout à fait en terre libre.

Mon père me prit par le bras et nous partîmes...

Dans la chambre de l'hôtel, nous retombâmes dans les bras l'un de l'autre.

— Mon père, mon cher père ! Merci !

— Charles, mon pauvre enfant !

Il nous était impossible de prononcer d'autres paroles.

Nous nous regardions avec stupeur, lisant, comme en un livre terrible, les traces que les douleurs morales et les souffrances avaient laissées sur nos physionomies...

Combien de temps restâmes-nous ainsi ? Je ne le sais... Ces minutes inoubliables n'ont pas à être longuement racontées... Je pouvais mourir, maintenant. La fièvre pouvait me terrasser à jamais : j'acceptais tout, puisque j'avais vu mon père !

*
* *

Nous fîmes monter quelques rafraîchissements, car les grandes joies, comme les chagrins trop lourds, brûlent les tempes et la gorge.

Je m'assis près de mon père.

Près de lui, je me sentais en sûreté ; je me voyais libre désormais, rejetant loin de mon esprit l'horrible cauchemar du passé. Les souffrances de l'injuste condamnation, les supplices atroces, les tourments inconcevables, les tortures angoissantes, l'horreur du bagne, les privations de la forêt, les douleurs cuisantes de la maladie, tout cela était loin ! Il me semblait que je n'avais pas souffert.

Albert, en rentrant, nous assura que je ne courais aucun risque en sortant en sa compagnie.

16.

J'aidai d'abord mon père à déballer les valises qu'il avait apportées. Tout leur contenu était pour moi. L'excellent homme étalait sous mes yeux des vêtements neufs que je contemplais avec une joie d'enfant.

J'endossai les habits de fête. Je gardais encore les gaucheries de la livrée. Je m'admirais tout de même dans la glace, forçat d'hier.

Et nous fîmes une longue promenade par la ville. Nous fûmes reçus, d'une façon charmante, par des amis et des parents de notre bon guide. Il nous présenta, par excès de prudence, comme les propriétaires d'un placer dans le Haut-Maroni. Et l'on salua l'évadé comme un bourgeois très riche...

XXX

EN FRANCE

Après nos épanchements, dès que nous nous étions mis en route, mes premières questions avaient naturellement porté sur la France.

Ma mère ! Ma sœur ! Quelles souffrances avaient-elles subies ? Quels espoirs avaient-elles bercés !

Je sus que mes lettres étaient arrivées à destination, régulièrement ou presque. Au reçu de la correspondance datée de la Guyane hollandaise, la joie avait repris place au foyer.

Ma mère, enivrée de bonheur, avait dit à mon père, triomphalement :

— Notre pauvre martyr t'appelle. Il a besoin de toi. Pars !

Aussitôt ma sœur avait écrit à la Compagnie Transatlantique, s'informant du prochain départ de paquebot. On avait de suite répondu : que le 10 septembre 1890 partait le *Washington* à destination de

Colon et qu'il n'y aurait qu'à changer de bateau à Fort-de-France.

Sans prendre garde à son âge avancé, ni aux dangers de la mer, ni aux mille périls qu'il devait braver (surtout celui de l'accusation de complicité de mon évasion), mon père se mit en route.

Il arriva à Saint-Nazaire la veille du départ, prit un billet et s'embarqua, après avoir écrit à ma mère une dernière lettre lui annonçant son départ et le ferme espoir qu'il avait de nous voir tous réunis un jour.

Le lendemain, le *Washington*, sous pression, larguait ses amarres et à toute vapeur gagnait la pleine mer se dirigeant sur la Martinique. Il fit escale à Fort-de-France. Là, mon père prit le *Salvador* et arriva à Surinam le 28 septembre 1890 à trois heures de l'après-midi.

On sait le reste.

Sur le temps qui s'écoula jusqu'à notre retour, il me resterait à dire bien des choses. Notre plan était d'attendre le premier bateau en partance pour Georgetown, capitale de la Guyane anglaise, et la Guyare (Venezuela), et de là nous embarquer pour l'Europe.

Mais il fallait attendre et demeurer plus longtemps à Paramaribo devenait dangereux. Albert nous offrit l'hospitalité dans ses plantations; mais, durant ce temps, les fièvres me reprirent plus terribles, plus implacables que jamais. J'eus de tels délires que les personnes qui me soignaient en furent terrifiées...

Je me levais la nuit, les yeux hagards, croyant voir des ennemis partout, si bien que j'étais dangereux pour les personnes qui m'entouraient.

Enfin, les soins empressés, la patience, le dévouement eurent raison du mal atroce qui faisait de moi un véritable fauve. Le 17 octobre, après avoir pris congé d'Albert et de sa famille et avoir assuré ces nobles cœurs de notre gratitude éternelle, nous nous embarquâmes pour Georgetown et la Guyare, à bord du *Frédéric-Henry,* qui allait lever l'ancre.

Au premier appel du départ, Albert nous embrassa, faisant promettre à mon père de me laisser revenir un jour... Les larmes aux yeux, il s'éloigna...

Je désire lui envoyer d'ici l'expression émue de ma reconnaissance inaltérable, je tiens à présenter dans ces pages l'hommage respectueux de mon affection à sa vaillante et douce compagne. Je salue leur souvenir et je le bénis... Je n'oublierai jamais, jamais, quand l'avenir m'aura vengé, qu'ils furent les nobles ouvriers de ma victoire, les courageux sauveurs qui me rendirent à mes parents, à mon pays — et à mon droit.

Je leur dois la vie. Je leur dois l'honneur!... Je leur devrai, un jour, ma réhabilitation, puisque sans eux, terrassé par le découragement, ou par la fièvre, je n'aurais pu continuer ma route libératrice.

. . . .

A quatre heures et quelques minutes, un coup de sifflet — le dernier — déchira les bourdonnements confus du quai.

Le vaisseau naviguait... Nous quittions la Guyane hollandaise. Le bruit de l'hélice était perceptible du fond de notre cabine où nous nous endormîmes...

Quelques heures de fièvre terrible. Puis l'arrivée à la Guyane, au Venezuela.

Nous descendîmes à terre car nous devions changer de vapeur. Nous écrivîmes à ma chère mère et repartîmes le lendemain matin. C'était le 25 octobre 1890.

Ainsi, en moins de quelques mois, j'avais parcouru les quatre Guyanes : française, hollandaise, anglaise et venezuelienne. De cette dernière, je ne puis dire qu'une chose : c'est que nous fûmes horriblement extorqués par les porteurs qui chargent les valises sur le port et que cette catégorie de gens y est encore plus malfaisante que dans les autres pays.

Lorsqu'à bord de la *Reina Mercédès*, vapeur espagnol, nous quittâmes le rivage américain, je sentis mon cœur allégé.

Pour moi, Amérique voulait dire Guyane. J'ai entendu souvent parler des atrocités qui se commettaient dans les lieux de déportation des nations étrangères et notamment au bagne anglais de Botany-Bay, en Australie, mais je doute que ce soit plus terrible qu'en l'endroit d'où je sortais.

Nous nous dirigeâmes vers l'Espagne.

Il est vraiment curieux d'observer comment les choses se sont enchaînées dans ma vie pour me conduire au malheur comme à la joie :

Se rappelle-t-on que lorsque je quittai la France à bord de l'*Orne*, ce fut l'Espagne que je vis, dans un suprême regard, en quittant l'Europe ?

De même, en m'évadant, ce fut sur une terre hollandaise que je trouvai un refuge, et lorsque ma grâce est venue me trouver au mois de janvier dernier (1903), c'est en Hollande où j'avais trouvé asile...

*
* *

Après une longue traversée, nous arrivâmes à Vigo (Espagne), le 13 novembre 1890.

Nous nous acheminâmes le lendemain vers Palencia où nous nous fixâmes. Pourquoi Palencia ? Nous ne sûmes jamais. Le sort m'y poussait ; c'est tout ce que je puis dire.

En arrivant, nous écrivîmes une longue lettre à ma mère et à ma sœur. Et de ce moment date pour moi une existence nouvelle, une phase de treize années où j'eus encore des aventures inouïes.

XXXI

ÉPILOGUE

Qu'ajouterai-je à l'histoire de mes tourments? Que je suis la victime innocente de quelque ignoble machination; qu'un destin implacable a pesé sur moi durant vingt ans sans que j'aie jamais su la cause de ses injustices! Je puis affirmer, en tous cas, que la souffrance a pour moi dépassé les bornes et que je suis las pour avoir enduré tant de supplices. Il me reste à dire quelques mots sur les dernières années qui m'ont séparé de ma grâce et de la réhabilitation que j'attends avec un ferme espoir dans la justice immanente des choses!

Oh! si je voulais insister encore sur cette période de ma vie, j'étalerais bien des ignominies, bien des atrocités, bien de lâches intrigues, mais je me contenterai d'en signaler brièvement la chronologie, me réservant d'y revenir en détail quand la société aura réparé ses torts envers moi, en faisant éclater

au grand jour le témoignage auquel a droit tout honnête homme injustement soupçonné.

*
* *

Mon séjour en Espagne fut très long, je m'y suis
établi, j'ai fondé à Palencia et à Valladolid une maison de droguerie française qui subsiste encore. A
force de travail acharné, de soins infinis, d'efforts
de chaque jour pour mériter la confiance de mes
nouveaux hôtes, j'avais acquis l'estime de tous. J'ai
été honoré et même choyé par la meilleure société
espagnole. Je me suis marié, dans ce pays. J'ai perdu
ma femme ; il me reste un enfant sur qui j'ai reporté
toute la tendresse que j'avais dû concentrer en moi-
même et que la société semblait avoir à tâche d'arracher de mon cœur.

Mais avant d'arriver à cette satisfaction relative,
que de coupes amères n'ai-je pas dû vider !...

En arrivant en Espagne, mon père et moi, nous
nous adressâmes à un avocat, Pedro Rodriguez, qui
cumulait, paraît-il, cette fonction avec celle de magistrat équivalant à procureur du roi. Cet homme,
après avoir entendu le récit de nos malheurs, eut le
triste courage de nous dire qu'il appliquerait envers
nous ses droits de magistrat accusateur. Et de la
même main qu'il nous avait tendue comme avocat,
il rédigea un acte scélérat qui en faisait notre bourreau.

Nous luttâmes encore !

J'entends toujours la voix éplorée de mon pauvre père le soir de notre visite :

— Mon pauvre enfant, me disait-il en me prenant la tête dans ses mains, que vas-tu devenir ? Pour moi, je suis vieux, ma vie est finie ; tout m'est indifférent, désormais. Mais, toi, quel destin va être le tien ? Ah ! pour te voir sortir de ce mauvais pas, je donnerais bien volontiers le temps qui me reste à vivre !

Enfin, Pedro Rodriguez s'amenda. Comme à bien d'autres de mes bourreaux, je lui ai pardonné.

Quelque temps après mon mariage, je fondais à Valladolid un *sanatorium* pour les blessés de la guerre cubaine. Le désastre des braves armées espagnoles aux Antilles avait ruiné mon petit commerce, et j'employai ce qui me restait à me rendre utile à cette Société qui pourtant m'avait fait tant de mal.

Toutes ces minces choses seraient vaines à dire et déplacées dans la bouche d'un homme dont la vie aurait été exempte de souffrances; mais après le chemin du calvaire que j'ai parcouru, j'estime qu'il est juste et nécessaire que je les signale, sans orgueil, simplement.

Le plus grand de tous les malheurs de ma vie fut la perte de mon pauvre père. Je n'insisterai pas ; les douleurs avaient été trop fortes pour le sublime vieillard, la réaction fut funeste ; brusquement, il tomba dans une prostration atroce et, après une courte maladie, il mourut entre les bras de ma mère, venue en toute hâte, et des miens... Ce fut l'acte le

plus poignant de cette exécrable odyssée. Nous éle-
vâmes, dans la ville où nous étions, un petit monu-
ment pour éterniser la mémoire de ce héros digne
des anciens âges, mort pour son honneur et pour
arracher son fils à la honte. Que les quelques lignes
où je parle ici de lui soient un témoignage définitif
de ma gratitude, de mon respect filial et de ma profonde vénération...

*
* *

Il y a quelques années à peine, je quittai l'Espagne pour la Belgique, voulant me rapprocher encore
de ma patrie bien-aimée.

J'entrai à Bruxelles, dans une maison de banque.
Je redoublai d'efforts pour activer l'œuvre de la justice, en même temps que je travaillais sans relâche
à prouver aux personnes qui m'accueillaient, qu'elles
avaient ouvert les bras à un honnête homme malheureux.

Tout alla bien pendant une année. Mais il est probable que je n'avais pas encore assez souffert... Je
rencontrai, sur mon chemin, une femme, Pauline,
par qui je connus des douleurs nouvelles, des chagrins insoupçonnés. Cette créature alla si loin dans
la cruauté à mon égard que je veux la croire inconsciente. Il me répugnerait d'insister sur ces détails de
ma vie. Toutefois, puisque ce journal est une loyale
confession, je m'en voudrais de taire la période de

ma vie où j'ai pu pleurer abondamment, mais dont je n'ai pas à rougir.

Pauline était Flamande-Belge, de condition inférieure. J'en voulus faire ma compagne. Elle fut mon bourreau, avec la complicité d'une famille méprisable exploitant ma situation d'une façon odieuse, se livrant contre moi aux espèces les plus variées du chantage le plus honteux.

C'est à cette famille que je fais incomber l'entière responsabilité des tourments sans nombre que je connus alors.

Voici une des dernières lettres que j'écrivis à Pauline pendant mon séjour en Belgique.

« Bruxelles, 12 septembre 1902.

» Tu es femme, Pauline, et tu as un cœur. Je sais bien que tu n'es pas l'auteur véritable des douleurs atroces que tu me fais endurer : ta conduite est inspirée par les conseils venimeux de ta famille. L'expérience t'apprendra combien tu as eu tort de les écouter.

» Comment as-tu le courage d'oublier le passé ?... Les jours malheureux où, me privant du nécessaire au cours de mes voyages, je vous rapportai de quoi faire face aux dépenses du lendemain ?... Et ce qui est le plus odieux encore, c'est que précisément les jours où je vous faisais le plus de bien, j'étais victime d'une nouvelle petite infamie savamment étudiée. C'est que ma bonté vous encourageait et que vous pensiez me pousser ainsi de plus en plus aux sacrifices.

» Je ne veux pas prolonger ces reproches mais il me suffira pour te faire comprendre l'horreur de ta conduite de te laisser supposer un instant que tu sois à ma place.

» Admets que tu aies un fils, un enfant, le produit de ton sang, et qu'exilé, malheureux, exténué, le cœur ivre de douleur, tu aies cru trouver pour cette pauvre petite créature une femme, quelqu'un qui pût l'aimer, le soigner, l'entourer au milieu des dangers de la vie et qu'au contraire cette femme lui fasse subir toutes les tortures physiques et morales que mon pauvre Georges a subies et qu'elle mette sous ses yeux le spectacle d'une vie éhontée et scandaleuse...

» Que dirais-tu d'elle, Pauline ?

» Un mot de plus atténuerait la sentence que tu porterais sur elle.

» CHARLES REDON. »

Souvent, après m'avoir tant fait de mal, Pauline mettait la tête sur mon épaule en me demandant pardon et en s'excusant de l'influence empoisonnée qu'elle subissait. Je lui pardonnais de grand cœur, mais le lendemain elle recommençait à m'être hostile au point qu'un jour sa famille la poussa au sacrilège.

Elle rencontra mon pauvre petit garçon Georges et, à l'encontre de tout sentiment de femme, de toute

17.

pudeur et de tout respect pour sa propre conscience, elle lui ordonna :

« *Va dire à ton père qu'il est un assassin.* »

La mesure était comble, devant cet acte de lâcheté. Usant de mon droit de père, je me révoltai ; j'écrivis à cette famille ignoble tout le mépris que j'avais pour elle ; je dis à ces êtres que tous les malheurs que j'avais injustement endurés étaient peu de chose à côté de l'immondice dont ils essayaient de salir l'âme de mon pauvre Georges. Et je leur crachai à la face ma haine et ma réprobation.

Le résultat ne se fit pas attendre. Le surlendemain, contre tout droit, j'étais expulsé du territoire belge, envoyé à Rosendal, frontière hollandaise. *On ne me permit pas d'embrasser mon enfant*, et pendant que je vivais mon existence de paria dans ce village hollandais où mes gestes suffisaient à peine pour me faire comprendre, on répandit des écrits en Belgique pour jeter encore de la boue sur mon nom ; ce nom que je veux laisser intact, réhabilité, auréolé de la triple couronne de l'innocence condamnée, de la mort secourable refusée, et de l'exil que je souffris pour venger mon enfant !

Qu'on me permette en finissant de protester encore et de toutes mes forces contre l'arrêté d'expulsion aussi injuste qu'illégal qui fut prononcé contre moi en Belgique.

J'ai heureusement, à côté de toutes les infamies que j'ai subies, rencontré en Belgique comme ail-

leurs de braves et généreux cœurs. Je ne les oublierai jamais.

Depuis dix-huit années que j'étais marié avec les
souffrances les plus épouvantables, je n'avais jamais
trouvé de basse conspiration aussi lâchement tramée
que celle qui fut ourdie contre moi lors de mon séjour... Aussi ai-je pu mieux apprécier encore le prix
des mains qui se sont loyalement tendues pour moi.
A Bruxelles, dans tous les partis et à tous les degrés
de l'échelle sociale, j'ai rencontré des âmes secou-
rables (1).

Merci à M. Léon Chomé, directeur de la *Belgique
militaire*, à M. Lejeune, ancien ministre, à M. Pétre,
mon avocat, secrétaire de la Ligue des droits de
l'homme en Belgique, à M. Laurent, l'excellent directeur du pensionnat de Scheut où mon fils bien-aimé
fut l'objet de la plus tendre sollicitude, pendant les
dures épreuves que son père devait supporter et lui
cacher hélas !

Je tiens aussi en terminant à signaler que la justice immanente des choses m'a souvent vengé mieux
que je ne l'aurais pu faire moi-même.

J'ai maintes fois contemplé et suivi des yeux, les
bras croisés, les lâches qui m'avaient torturé. Or,
voici ce qu'ils sont devenus.

M. le capitaine de vaisseau Achille Huc, qui fut

---

(1) Je n'aurai certes garde d'oublier M⁰ Labarthe, avocat à
Paris, qui par son intelligent dévouement a tant contribué à ce
que justice me soit faite.

l'auteur de machinations inouïes à bord du *d'Alembert*, est mort empoisonné.

M. Montillet, un camarade de collège à moi, qui faisait fonctions de juge d'instruction lors du premier et scandaleux interrogatoire que je subis, mort d'une maladie inavouable.

Deux des jurés qui m'ont fait condamner ont été frappés par la foudre ensemble.

Un troisième est aliéné.

Le procureur de la République S... est mort d'une attaque d'apoplexie, dit-on.

M. de Latour, qui a procédé à mon expulsion en Belgique, est mort subitement deux mois après.

Qu'ils dorment en paix !

Je leur pardonne.

Ils sauront dans l'autre monde qu'ils ont frappé un innocent !

Le juge suprême avait dit : *Assez!*

En France, le pays des aspirations nobles et généreuses, des grandes âmes et des cœurs loyaux, en France on avait entendu mes cris de détresse. Magistrats, avocats, journalistes, prirent courageusement ma cause en main ; deux mois après j'étais gracié et tandis que la famille que je signalais touà l'heure, apprenant que je rentrais en France, dictait au parquet de Moulins l'ordre de m'arrêter encore, le Président de la République, convaincu par les rapports favorables qui lui avaient été soumis, signait ma grâce d'un trait de plume, et le front droit, la tête haute, la conscience aussi calme, le visage aussi fier que lorsque je m'embarquais la chaîne aux pieds au bord de l'*Orne*, à Toulon, voilà déjà dix-huit ans, avec cette même attitude et confiant dans l'idée d'impérissable justice qui revient toujours éclatante et vengeresse, je rentrais dans ma Patrie, la France, qui m'ouvrait ses bras de mère et me rendait mon foyer.

Et maintenant que ces lignes, qui ont dû nécessairement être écourtées, ont été lues par mes compatriotes ; maintenant que je ne suis plus devant des juges scélérats ou aveugles ; maintenant que rayon par rayon la lumière fait progressivement son œuvre libératrice, la parole est à la société ; c'est à elle de dire si je suis coupable ; c'est à elle qu'incombe le devoir de punir l'assassin de Talabart ; c'est à elle que revient la tâche de me replacer au rang des honnêtes citoyens, dont une erreur criminelle m'a chassé.

J'attends !

J'ai confiance (1)...

FIN

(1) Les personnes qui auraient quelques communications intéressantes, destinées à éclairer les recherches du parquet et à aider l'œuvre réparatrice de la justice, sont priées, si elles veulent s'adresser à Charles Redon, de lui écrire à Villeneuve-sur-Allier ou à Moulins (Allier), France.

TABLE DES MATIÈRES

ÉMILE COLIN, IMPRIMERIE DE LAGNY (S.-ET-M.)

CHARLES REDON